マルクスの業績と限界

――マルクス生誕200年

村岡到 編

ロゴス

まえがき

今年はマルクス生誕二〇〇年。さまざまな企画が立てられるであろう。ヘーゲルは一九七〇年に話題となったが、同時代人で生誕二〇〇年が記念される人は何人いるであろうか。日本では安藤昌益が一七〇三年に生まれ、『社会主義真髄』を著した幸徳秋水が一八七一年に誕生しているが、比肩できる思想家は他にはいないだろう。明治維新が今年一五〇年となる。

このブックレットは、私の周りの方にお願いして執筆していただいた。マルクス生誕二〇〇年を記念して、四〇〇字三八枚の原稿を、とお願いしただけで、論点などについては注文しなかった。

私は、ものを書くようになってから、私のいわばただ一人の直接に謦咳に触れて学んだ梅本克己さんの次の言葉を強く胸に刻んでいる。

「否定面の理解をともなわぬ肯定は弱いものであるように、肯定面の理解をともなわぬ否定は弱い」。「抽象が威力あるものとなるのは、それが捨てられた大事なものの重さに支えられたときである」（『マルクス主義における思想と科学』三一書房、一九六四年、一三〇頁、三四七頁）。

誤りだらけの人物であれば、そんなものを取り上げる積極的な意味はほとんどないであろう。

マルクスについては今日なお、賛否の評価が大きく割れている。膨大な著作を著していて、論点も領域も多岐にわたるから当然でもある。

執筆していただいた方がたは経歴も問題意識も専門領域も異なり、編者の私の立場や志向性とは重なるところもあるし、相違も存在する。それゆえに多くの論点が取り上げられ、それぞれ興味ふかいものになっている。二年半前に『貧者の一答――どうしたら政治は良くなるか』(ロゴス)を出した時に、その「まえがき」でタイトルに使った「一答」の意味について、「『これが正解なのだ』と強調する愚を避けることを意味する」と説明した。本書の読者もそのような「一答」として受け止めていただきたいと思う。

現在、日本では少子高齢化と人口減少、廃屋の急増、過疎地の増大、農地の荒廃、DVや貧困家庭の増大(一五%に)、原発の稼働と廃炉、軍事費の増大などさまざまな領域でかつてない深刻な事態に直面している。労働現場では非正規労働者が就労者の四〇%を超え、AIやロボット化によって労働のあり方が大きく変容しつつある。政治の領域でも、森友学園公文書改ざんに露なように劣化が激しく、民主政の危機とすら言える。それらの激変によって惹起されている新しい難問についてどのように対応し解決を図るのかが問われている。本書はこれらの問題とどこかで接点を保っているであろう。

ごく簡単に、私との出会い・関係について紹介する(収録順)。

・大内秀明さん：二〇一三年一月にNPO法人日本針路研究所の講演会にお招きして講演していただき、今年二月にインタビューを『フラタニティ』第九号に掲載した。
・久保隆さん：昨年、私が編集した『ロシア革命の再審と社会主義』の書評を「図書新聞」（一一月二五日）に書いていただき、それが縁となって、昨年一一月にアナキスト系のロシア革命一〇〇周年集会での報告者に招かれ、久保さんも報告者で、交流することになった。
・千石好郎さん：九〇年代にフォーラム90sで知り合い、二〇〇八年に「村岡社会変革論の到達点」を書いていただいき、二〇〇九年に『マルクス主義の解縛』をロゴスから刊行した。前稿はこの著作に収録されている。
・武田信照さん：社会主義理論学会で出会い、二〇一三年に『近代経済思想再考――経済学史点描』をロゴスから刊行し、翌年に拙著『貧者の一答』の書評を書いていただいた。昨年には『ミル・マルクス・現代』をロゴスから刊行した。この書評はこの著作に収録されている。

この小さな本が、マルクス生誕二〇〇年を取り上げる企画のなかで、日本社会を前向きに変革しようとする人たちにとって、その努力を支え、再考・深化を促すきっかけになることを祈念する。

二〇一八年四月六日　七五歳の日に

村岡 到

マルクスの業績と限界　目次

目　次

マルクス自由論の陥穽
――アンドレ・ヴァリツキの所説を参照して

千石好郎

晩期マルクスとコミュニタリアニズム（共同体社会主義）
――マルクスとE・B・バックスとの接点

大内秀明

マルクスの生と死は、生れが一八一八年で丁度二〇〇年前、五月五日の端午の節句、それも寅年だそうである。死は一八八三年三月一四日、六四歳で亡くなった。『資本論』以後、最晩年のマルクスは、何処へ行こうとしていたのか？　マルクスの生から死へ、マルクス主義の変遷を辿ってみよう。

第1節　初期マルクス・エンゲルスの唯物史観

マルクスの誕生については、謎めいた話がある。両親ともユダヤ人で、しかもユダヤ教のラビの家系だった。しかし、マルクスの誕生の前に、父親がキリスト教に改宗した。母親は頑なにユダヤ教徒として残った。このような父と母との間に生まれたカールは、果たして洗礼を受けたのか？　それとも母親のユダヤ教で割礼だったのか？　それとも洗礼も、割礼も受けていなかったのか？　はっきりしないらしい(1)。

そんな家庭環境で生まれ育ったマルクスが、キリスト教とユダヤ教の間で、複雑な宗教的葛藤の中で幼児体験を過ごしたことだけは疑いない。「宗教は阿片である」との彼の言説も、たんなる宗教批判ではない。両親の生き方の違いから生じた複雑な家庭環境の幼児体験から生まれたものだろう。結婚式は教会でキリスト教、死ぬときはお寺で仏教という、宗教的緊張が皆無な日本人には理解の及ばない世界の話だろう。

キリスト教に改宗し、著名な弁護士として活躍していた父親の影響もあり、マルクスは生地のライン州トリーアからボン大学の法学部に入学した。恐らく父親と同じ法律家として弁護士か、官吏になることを目指していたに違いない。しかし、父親の勧めもあり、当時流行のヘーゲル哲学に憧れ、ベルリン大学に移り、若きヘーゲリアンとして活躍することになった。すでにヘーゲル学徒の中は右派と左派に分かれていたが、マルクスはヘーゲル哲学を唯物論的に転倒するヘーゲル左派の立場であった。そして、ベルリン大学やボン大学で学者になろうと努力したが、反動の時代が厳しくなり、哲学博士の称号は取得したものの、学者の道は断念せざるをえなかった。進歩的な『ライン新聞』でジャーナリストとして活躍することになった。

ここで「マルクス伝」を書くわけではないので、幼年期からの厳しい宗教的葛藤の中で、父親の影響により大学では法学の道を選んだこと、さらにヘーゲリアンとしても、「法哲学」などを中心に勉強したことだけを確認しておく。『ライン新聞』の編集長として書いた森林盗伐問題でも、当時ライン県議会が制定した木材窃盗取締法を批判し、所有権の見地から農民の森林への「入会権」を主張した。また、『ライン新聞』の後、ルーゲ達との『独仏年誌』でも「ユダヤ人問題によせて」とともに、ヘーゲル左派のフォイエルバッハの人間主義からの強い影響のもと、『ヘーゲル国法論批判』に関連した「ヘーゲル法哲学批判序説」を書いている。さらに『独仏年誌』には、エンゲルスが「国民経済学批判大綱」を寄稿してきた。マルクス・エンゲルスの接点を迎え、初期マルクス・エンゲルスの唯物史観のイデオロギー的作業仮説が形成されることになった。

唯物史観の形成については立ち入らないが、エンゲルスの論文に触発され、後に『経済学・哲学草稿』として公刊されたA・スミス、D・リカードなど古典派経済学からの抜粋、ノート、草稿などがあり、その中で「国民経済学者は私有財産制の運動法則を説明するのに、労働を生産の中枢と捉えても、労働者を人間としては認めず、労働する機能としてしか見ていない」と述べている。ここで「私有財産と労働」を起点として、階級関係を「ブルジョア（有産者）とプロレタリア（無産者）」の対立と見ている。さらに、それをJ・ロック以来の「労働価値説」を基礎にして、自然法に基づく「自己の労働」の果実としての私有財産、労働疎外に基づく社会的労働による私有財産制の矛盾、社会主義への公的所有論と社会的労働によるアプローチ、こうした唯物史観のイデオロギー的仮説の骨格がここで形成されたと見ることができる(2)。

ただ、念のため注意しておくが、ここで私有財産制の基礎に人間労働を置くについて、すでに疎外論により「労働疎外」が前提されていることがわかる。しかし、ここでの労働者は、単純商品生産者も含まれる労働者であり、まだ労働力商品の所有者としての「賃労働」者ではない。労働疎外は、たんにA・スミス同様、分業労働として交換を通して生産者から疎遠になり、物的に疎外されているだけであって、労働力が商品として、言い換えれば人間として物化され、人間疎外として問題視されているわけではない。労働力の商品化が前提されないために、単純商品生産者の労働も、スミスの本源的購買貨幣としての労働により、自然から購買して自己の労働による私有財産の基礎に据えられるのであって、ここから①個人的労働による個人的所有、その否定として②社会的労働による個人的所有の資本主義的矛盾、さらに否定の否定として③社会的労働による社会的所有、といった「所有法則の転変」につながる点を予め注意しておく。

第2節　『経済学批判』から『資本論』へ

「初期マルクス」とエンゲルスにとって、一八四七年恐慌に続く四八年革命は、二人の政治活動や政治的文書にとっては、極めて重要な事件だった。とくに『共産党宣言』などは、今日の日本でもベストセラーに属するほど多くの読者を持ち続けている。しかし、二人の行動は、歴史の流れからみれば、とても積極的に評価するわけにはいかないと思う。むしろ逆であり、①後進国ドイツ・プロイセンなどを中心とするブルジョア革命であり、それが社会主義革命に転化するような情勢ではなかった。②その点で唯物史観の仮説から導かれた「恐慌・革命テーゼ」も、客観的根拠をもったものではなかった。③フランスはともかく、イギリスでは革命情勢は起こらず、四七年恐慌はその後の成長と発展のバネになった。要するに、ヨーロッパ大陸に革命的情勢が一時的に盛り上がったに過ぎず、二人の政治行動は失敗であり、徒労でもあった。唯物史観の作業仮説も、そうした敗北の行動と結びついたイデオロギー的仮説だった点の確認が必要だろう。

上記『経・哲草稿』の後、マルクスが経済学研究に本格的に取り組むのは、革命闘争の敗北から逃れ、一八四九年にロンドンに亡命してからであった。亡命の受け入れは当時イギリスだけであり、エンゲルスはじめ革命の敗北者たちが、続々とロンドンに逃げ込んだ。エンゲルスは、ドイツの父親が共同所有する英マンチェスターの工場を経営することになった。マルクスとの共同研究は不可能であり、経済学研究を再開したマルクスを、経済的に援助する役目を引き受けた。(3)ロンドンの大英博物館の「reading room」の利用とエンゲルスからの多大な経済援助が無ければ、『経済学批判』(以下『批判』と略称)も『資本論』も生まれようがなかった。その限りでは「マル・エン全集」だが、ロンドン亡命後の経済学研究は、「初期マルクス・エンゲルス」ではなく「中期マルクス」、そして「後期マルクス」の『資本論』へと続くことになった点が重要である。

ここで「中期マルクス」と『資本論』を書いた「後期マルクス」とを分けた理由を述べておこう。解説書の多くは、例えば「経済学批判の主要テーゼはすべて『資本論』の第一巻に内包されている。よって二つはまとめて解説する」といった解説や紹介が多い。確かに同じマルクスが書いた経済学の著作であり、テーマも商品、貨幣を扱っている。また、初期マルクス・エンゲルス以来の唯物史観がイデオロギー的な作業仮説として前提されている点でも共通だろう。また、『批判』と『資本論』の書名は違っても、『資本論』の副題は「経済学批判」であり、「前者は後者に貫かれている」と言った解釈も可能である。また内容的にも、マルクスが唯物史観との関連で、上記のロック以来のスミスなど古典派経済学の労働価値説を継承している点で、私的所有の根拠に労働を置いた点もまた共通したテーゼだろう。しかし、両者の共通性はそんなところまでだと思う。

両者の差異を挙げれば、①『批判』が一八五九年、『資本論』が六七年と約十年の歳月が流れた。しかも、唯物史観の「恐慌・革命テーゼ」は五七年、六六年と激しい世界金融恐慌にもかかわらず革命情勢の兆候はなく、逆に金融恐慌をバネにして資本主義経済は高成長して拡大している。対象とする資本主義経済は、恐慌・革命どころか「純粋資本主義」を抽象するような自律的発展を遂げていたのだ。②マルクスは『経・哲草稿』がそうだったが、膨大なメモや抜粋ノート、多くの草稿を準備し、その上で『批判』を書き、『資本論』も書いた。前者が「経済学批判要綱」

であり、後者が『剰余価値学説史』である。その点の区別を無視して、「経済学批判要綱」を「資本論草稿」にするのは重大な誤りではないか？　あくまでも『批判』とその続編のための草稿が「経済学批判要綱」であり、『資本論』のための草稿ではない。「要綱」を準備して『批判』を書いたが、始めの「商品」「貨幣」で終わり、「貨幣の資本への転化」が書けなかったのだ。その誤りや限界の反省のもとに、誠実なマルクス自身は『資本論』を別途準備した。さらに③副題に「経済学批判」を残したものの、唯物史観のテーゼなどを載せていた『批判』の有名な「序文」や「序説」などは一切カットした。言い換えれば、『批判』では唯物史観のイデオロギー的仮説の枠組みの内部で経済学の理論化を図ろうとした。しかし、『資本論』では逆で、純粋資本主義の抽象による経済法則により、唯物史観の基礎づけを図ろうとした。新たに「序文」や「後書き」を書き、書名まで『資本論』に変えることにしたのだ。両者の連続性は否定できないが、マルクスは新たな著作として『資本論』を刊行した点が重要である。

新著『資本論』は、タイトルだけの変更ではなかった。『剰余価値学説史』の新たな経済学説の批判と継承の試みは、古典派経済学に対する決定的な批判的見地を提起するのに成功した。別の機会に詳述したが、「すでに『要綱』ですすめていた範疇展開の内容に加えて、たとえば価値論にかんしては価値形態論、さらに労働力商品の明確化、資本蓄積論や再生産論、資本の競争論と生産価格論、そして地代論など、新たに検討をすすめた(4)」。方法的には、「純粋資本主義」の抽象が明確になり、経済学批判の対象が「プランの変更」として、「資本」を中心に賃労働、土地所有の三大階級の経済的基礎の解明、そのうえで資本主義の歴史的展開や社会主義を展望する方法的見地がようやく提示されたのだ。そのような意味で、『批判』の単なる延長上に『資本論』を位置づけるわけにはいかない。それ以前の「初期マルクス」に対して言えば、一八五〇年代の「中期マルクス」の『批判』「綱要」、それに対してさらに六〇年代の『資本論』『学説史』の「後期マルクス」を区別しなければならないと思う(5)。

第3節　晩期マルクスと『資本論』

さて、約一五〇年前、一八六七年に刊行された『資本論』だが、それは第一巻のみで、第二巻、第三巻は、草稿だけがエンゲルスの手に託されてマルクスの死後に刊行された。しかも、第一巻は初版に「価値形態」の付録が付いていた。エンゲルスの勧めもあり、再版には本文に書き込まれて改善されている。ドイツ語版の初版は、一〇〇〇部売り切れるのに数年かかったが、七二年のロシア語版、続く七五年のフランス語版は好調な売れ行きで、『資本論』の影響は先ず大陸で拡大した。マルクスも、フランス語版には部分的に改訂の筆を入れ、とくに第六篇「資本蓄積論」には、後述のとおり篇別構成にまで手を加えた。他方、英訳は遅れに遅れてマルクスの死後一八八七年になって刊行、そのためW・モリスなどイギリスの読者も仏語訳を読んだ。しかも、『資本論』の影響が大陸からマルクスの住むイギリスに拡大する中で、重大な事件が勃発した。一八七一年の「パリ・コミューン」である。

コミューンの立ち入った検討はできないが、普仏戦争にフランスが敗れ、それに抵抗するパリ市民による抵抗闘争だった。しかし、エンゲルスがここで「プロレタリア独裁」を提起したこともあり、「世界最初のプロレタリア独裁政権」などと解説されるケースも多い。しかし、べつにプロレタリア革命だったわけではなく、ドイツ・プロイセンによるフランス侵略に対する市民の抵抗闘争だったし、市民も未だプロレタリアと呼べるような労働者の組織闘争でもなかった。多くの都市職人層や協同組合活動のメンバーによる地域を守る抵抗闘争だったからこそ「コミューン」と呼ばれ、マルセイユやリヨンなどもコミューンとして立ち上がった。パリでは七〇日余りで流血の惨事は終わったが、とくにエンゲルスの「プロレタリア独裁」のテーゼについては、ソ連崩壊とともにパリ・コミューンとの関連でも、根本的な再検討が必要だろう。

マルクスも、パリ・コミューンの後、エンゲルスの「プロレタリア独裁」論には距離を置いたように思われるが、モルガン『古代社会』など、コミューンに関わる「共同体」について改めて勉強し直し、ここでもまた膨大なノートづくりをしている。[6] さらに、ロシアのナロードニキ、ロシア社会民主労働党のメンシェビキの理論家、ヴェラ・ザスーリッチからの手紙への返事で、『資本論』の「所有法則の転変」の事実上の修正を認めることになった。その上で後にW・モリスと『社会主義』を書いたE・B・バックスによる「現代思潮のリーダー達　第二三回　カール・マルクス」（一八八一年一二月）が発表され、それを読んだマルクスは「真正社会主義」と最大級の賛辞を述べて、事実上「所有法則の転変」の転換を自認したのである。また、本「評論」を読んだ後、そのとき妻を失ったマルクスもまた、ほとんど病気のため研究を進めることは出来なくなった。そして、亡妻を追うようにマルクスも八三年三月に他界したから、本「評論」に対するマルクスの賛辞は、同時にマルクス最晩年の『資本論』に対する自己評価だったことにもなるだろう。

本「評論」については、すでに拙訳ながら全文を訳出したので是非参照されたい。[7]『資本論』については、第一巻のみの要約に過ぎないが、バックスの『資本論』解読のどこに、マルクスは高い肯定的評価を与えたのであろうか？　『資本論』以後における、そして最晩年のマルクスの考え方を探るうえで、重要な論点に絞って以下検討してみたい。

①『資本論』冒頭の商品規定については、マルクスに忠実に労働価値説を紹介している。また等価交換を前提に価値実体としての労働を抽象しているが、バックスは交換価値を単なる交換比率としてではなく、マルクスの古典派経済学批判の見地を鮮明に紹介し、交換価値を「価値形態」としている点が明確である。「マルクス博士によれば、一定の時点で、与えられた商品の価値は、与えられた平均的労働の量、時間によって決定される。ここから価値は商品の質的同一性で、量

的にのみ異なるから、ある商品の価値は他の商品の物体によって表現される」として、『資本論』の価値形態の説明を引用したのである。労働価値説は、ここでは単に価値の同質性の説明に使われているだけであり、古典派労働価値説批判の見地も明確である。

いうまでもなくスミス、リカードなど、古典派経済学の労働価値説は、交換価値を単なる交換比率として、量的関係としてとらえ、等労働の相互交換とした。しかしバックスは、マルクスの「三〇ページ以上に及ぶ」価値形態論の展開を積極的に評価し、「相対的価値形態」と「等価形態」の立場の違い、そして一般的等価物から「貨幣の必然性」が解明された点に注目したのである。ヘーゲル弁証法を学んだといわれるバックスにより、イギリス古典派経済学批判としての価値形態論の意義を、イギリスで初めて鮮明に紹介した、それをマルクスは心から喜んだのであろう。

価値形態論から一般的等価物としての貨幣の有効需要が明らかになり、需要と供給の対立による市場価格の変動原理、さらに無限界効用ともいえる貨幣の流動性選好も基礎づけられる。古典派経済学の労働価値説からは、交換の便宜的手段としての交換手段の機能、そして貨幣数量説的見地が提起されるだけにとどまる。バックスは、貨幣の必然性を『資本論』から提起して、さらに貨幣商品「金への貪欲」の秘密の解明の点での意義を的確に要約していることが判ろう。こうした見地から貨幣、とくに貨幣の貯蓄性向から資本の価値増殖、つまり「貨幣の資本への転化」の理論的意味が強調されているのである。

②『資本論』の貨幣論、特に貯蓄手段など「貨幣としての貨幣」の機能から、「資本としての貨幣」の運動が展開される。ここでもバックスは、じつに的確に価値増殖の運動体としての資本の説明を引用する。C—M—CがM—C—MからM—C—M'に転化するロジックについて、「いまや新たな問題が持ち上がり、どんな経済的手品の過程により、その結果が確保されるのか？どこから増殖、あるいは利潤がもたらされるのか？　明らかに個人的にせよ、集団的にせよ、資本家たちの上品な軍隊からはもたらされない」。M—C—M'、という流通形態の資本の運動から、なぜ剰余価値が生まれ、資本の価値増殖が実現するのか？　バックスは、ここでも『資本論』とともに、その秘密を労働力商品に求めるのである。

バックスは、ここで特に立ち入っていないが、古典派経済学の労働価値説では、上記のように貨幣は単なる交換手段に過ぎない以上、そもそも「貨幣の資本への転化」という問題意識そのものが生じてこない。商品はモノであり、モノとモノの交換＝物々交換を媒介するのが貨幣＝交換手段だったし、資本は機械など生産手段としてのモノに解消される。モノとしての生産手段の利用から資本の利潤を説明するだけだった。マルクスの『資本論』も労働価値説を前提したものの、むしろ価値形態論から貨幣、そして価値増殖の運動体としての資本概念が提起されたのである。「貨幣の資本への転化」、それは価値形態論を提起した『資本論』のキーポイント、だからこそマルクスは『批判』ではなく、当初のプランを根本的に変更して、新たに『資本論』を書くことになったのだ。ここでも、その問題意識をバックスは的確に提起している。

③そこで労働力の商品化、つまり商品としての労働力だが、古典派経済学の労働価値説からは、労働力の商品化は提起できない。そもそも人間の労働力は労働生産物ではないし、モノではない。人間の能力が、土地・自然・エネルギーとともに商品になっている。だから労働力も土地・自然も、労働実体を超えた「価値形態」によって商品として処理されることになる。そもそも近代社会の資本主義経済は、あらゆる富、富の原基形態ともいえる人間の労働力や土地・自然・エネルギーまでが商品化されている。だから商品の価値は、価値関係として価値形態として表現される。

しかし、価値形態を明らかにできない古典派経済学は、商品化された人間の労働力を把握できず、人間の労働もモノとして、生産も労働により自然から人間が購入するものとした。すでに述べた自然法の基礎としたJ・ロックの労働価値説を引き継いだ有名なA・スミスの労働＝本源的購買貨幣（original purchasing money）説であり、流通主義の極点であり、人間の物化に他ならない。古典派経済学を批判したマルクス、そしてバックスもまた、人間の価値関係としての価値形態論の提起によって、労働力の商品化の意義を明確にするとともに、商品・貨幣・資本の流通形態を前提して、人間の労働・生産過程の意義を明らかにしたのだ。

④バックスは労働力の商品化により、資本の価値増殖の根拠に人間の労働・生産過程を置き、『資本論』とともに剰余労働を剰余価値として説明する。剰余価値論であり、いわゆる搾取説である。

バックスの『資本論』解説は、短い要約にもかかわらず、「商品交換の法則」＝価値法則にもとづいて、労働者の剰余労働が資本の剰余価値を形成し、労働者と資本家の階級対立が必然化する論拠を要領よく説明している。「標準労働日」をめぐっての労使の対立など、機械制大工業の「工場制度」による搾取について、「『資本論』の大部分は、一九世紀の社会生活の最も恐ろしい吸血鬼、工場制度を暴露するのに捧げられている。誰も、いわゆる産業的発展の寺院で、年々犠牲になる悲惨な犠牲者の惨状について、マルクス博士により明確に概略が描かれた状況以上には、悲惨さは描けない」と述べている。

マルクスの搾取説に対して、バックスは『資本論』により、資本の価値増殖の根拠を資本家の節約や禁欲に求める、いわゆる「節欲説」の批判に充てている。古典派経済学は、スミスにせよD・リカードにせよ、労働価値説の前提があった。したがって、労働力の商品化や剰余労働の搾取のメカニズム解明は不十分だったが、事実上は剰余労働や剰余生産物の説明が行われていた。しかし、N・W・シーニアなどになると、労働価値説との関連が切れ、俗流的な弁護論として資本の価値増殖の根拠が説明される。自己の労働に基づく原始的な生産手段の取得はともかく、その後の資本蓄積は、労働者の剰余価値ではなく、資本家の節約や禁欲による資本の形成と蓄積が強調された。それを『資本論』が批判した。バックスは、『資本論』の節欲説批判を前面に押し出して紹介している。

⑤なおバックスは、『資本論』の再生産論や資本蓄積論には立ち入らず、「節欲説」批判の延長上で、『資本論』第七篇第二四章「いわゆる本源的蓄積」を紹介している。この部分は、仏語版では第八篇として切り離し独立させられ、マルクスが多く手を入れた箇所であり、『資本論』の構成上も、流動的な部分である。バックスは、モリスとともに仏語版を利用したとも考えられるので、要約に当たっては「節欲説」批判として処理したものと考えられる。バックスの慎重な配慮を感ずる処理であろう。

「いわゆる本源的蓄積」は、『資本論』の純粋資本主義の抽象による理論的部分からすれば、資本主義経済の歴史的「創世記」の分析である。マルクスも「この本源的蓄積が、経済学において演ずる役割は、原罪が、神学において演ずる役割とほぼ同じである」と述べて、その位置づけを説明し、篇別構成上も仏語版のような改善を施したのであろう。歴史的「創世記」としては、当然に前近代社会から近代社会の資本主義経済、そしてポスト近代社会への歴史的転変についての歴史観、つまりマルクスにとっては『経済学批判』まで、イデオロギー的作業仮説に過ぎなかった「唯物史観」を論ずることになる。唯物史観のイデオロギーが前提された『経済学批判』が、『資本論』の純粋資本主義の科学により基礎づけられた歴史認識へ、どう転換するのか？(8)

⑥周知のとおり『資本論』では、第二四章「いわゆる本源的蓄積」について、その最後の第七節「資本主義的蓄積の歴史的傾向」（仏語版では第七章）において、上述の「初期マルクス・エンゲルス」

の唯物史観の仮説を引き継ぎながら、いわゆる「所有法則の転変」を論じている。㋑前近代社会は「自己の労働に基づく私的所有」、その転換として㋺社会的労働に基づく資本主義的な私的所有、そして㋩社会的労働に基づく「社会的所有」のポスト近代社会への所有法則の転変に他ならない。ただ㋩については、マルクスが「私的所有を再興するのではないが、しかし確かに資本主義時代の成果を基礎とする，すなわち協同と土地及び労働そのものによって生産された生産手段の共有とを基礎とする個別的所有をつくり出す」と説明しているため、多くの議論が対立して唯物史観をめぐる論争が続いている。

この「所有法則の転変」について、バックスは、特に要約や紹介をしていない。しかし、モリスとの共著の『社会主義』では、㋑の前近代社会の「自己の労働に基づく私的所有」について、注記の形ながら前近代的共同体やギルドの例から重大な疑問が提起されていた。ここでは繰り返さないが、バックスは「所有法則の転変」については特に触れることなく、上記の「節欲説」批判の延長上で、ポスト近代社会への転換は、「労働者の輪が人口の中で拡大し、救貧民（産業予備軍）の外郭がそれ自体で相対的に広がるだろう。資本主義の死重が不可避となるであろう。最後に、資本からの労働者の解放が達成されるだろう。社会は新しい基礎、土地や生産手段が自由な労働者で構成されるコミュニティによって所有されるだろう。個々ばらばらの階級としてのプロレタリアは存在しなくなる。社会に必要な労働は、その構成員に平等に配分される」。さらに「近代的社会主義」について「近代の社会主義はそれ自身、経済的には協同的なコミュニズムにより、宗教的には反教条的な人道主義、政治的にはコスモポリタン的な共和主義に示される、世界の新たな考え方として、その擁護者の一人として定義されてきたのだ」。

まとめ

以上が、バックスの『評論』の主要な論点だが、すでに触れたように本「評論」が一八八一年一二月に刊行された後、バックスの勧めで「社会主義者同盟」の同志であるモリスも、マルクス『資本論』仏語版を「頭が痛くなるほど」、そして表紙が擦り切れて製本し直すほど読んだ。そして、二人が自ら「真の意味での共同作業によって」執筆したと強調しているが、まず「社会主義者同盟」の機関紙『コモンウィール』に連載された「社会主義――その根源から」が、一八八六年五月一五日号から八八年五月一九日まで連載された。その間、八六年一一月一三日号から八七年一月二二日号までは、中世の歴史ファンタジー「ジョン・ポールの夢」が連載された。この中断の後、第一五章から第二一章まで、マルクスの「科学的社会主義」として、八一年の本「評論」が文字通りの「下書き」だったと思わざるを得ないような構成と内容で執筆された。ここで多少の推測を交えて言えば、本「評論」を執筆したバックスは、マルクスから高く評価され、肯定的に受け入れてもらったことに自信を得て、「同盟」の同志モリスとの共同作業により前近代から近代、そしてポスト近代を展望した「社会主義——その根源から」の連載を「ジョン・ポールの夢」とともに企画したと思われる。

したがって、まず八一年の本「評論」、それに続いて「社会主義」の連載、さらにその後モリスの最高傑作と言われるファンタジック・ロマンの「ユートピアだより」、これもまた、『コモンウィール』に連載された。この「ユートピアだより」は、八八年にアメリカの作家F・ベラミーがベストセラー『顧みれば』を書き、それに刺激されたモリスが八九年六月二一日号に、それを批判したのに続く作品である。ポスト近代のロマンスをテムズ川の水系の船旅で描いた作品であり、テムズ水系が、いわゆる「ソーシャルデザイン」になっている。このように『コモンウィール』は、バックスによる本「評論」を出発点として、前近代から近代社会の資本主義経済、『資本論』を踏まえたポスト近代の「社会主義」、そこにはファンタジック・ロマンや装飾芸術のソーシャルデザイン、そしてアーツ&クラフツ運動をも包み込みながら、イギリスのマルクス主義の運動を組織的に展開しようとした。こうした成果こそ、一八九三年にモリス・バックスの共著『社会主義——その成長と帰結』として出版されたのである。

そこで、モリス・バックスが提起している社会主義のビジョンだが、バックスは本「評論」では「いわゆる本源的蓄積」に関連して、「社会は新しい基礎、土地や生産手段が自由な労働者で構成されるコミュニティによって所有されるだろう」と述べて、コミュニタリアニズム（共同体社会主義）の方向を提起している。「個々ばらばらの階級としてのプロレタリアは存在しなくなる。社会に必要な労働は、その構成員に平等に配分される」と主張され、所有論的なコミュニズムよりは、むしろ生産関係と労働組織に踏み込んだコミュニタリアニズムの立場だろう。こうした立場が、古典派経済学の批判による『資本論』の価値形態論の重視、労働力商品化論を前提して、マルクスによる「所有法則の転変」に対置されたのが重要である。

『資本論』が一八六七年に刊行された後、イギリスを中心とする資本主義経済の発展が続いた。初期マルクス・エンゲルスの唯物史観の作業仮説に基づいた、いわゆる「恐慌・革命テーゼ」は、約一〇年の周期的恐慌の景気循環が繰り返される高度成長の歴史的現実により、単なるドグマと化してしまった。それだけではない。その過程で一八七〇年代初頭には、上述のとおりパリ・コミューンがヨーロッパ世界を揺るがせ、マルクス・エンゲルスのかかわる国際労働者協会、第一インターも重大な試練に直面した。ここでエンゲルスは「プロレタリア独裁」を主張し、ロンドン在住のマルクスも、当初から基本文書の執筆に協力していた。(9)

一方マルクスも、パリ・コミューンへの対応から第一インターが分裂、組織的運動としては大変な失敗だった。インターの内部対立も深刻で、それに対する対応を迫られるとともに、上述のとおりコミューン＝共同体の位置づけをめぐり、『資本論』がいち早く翻訳されたロシアのナロードニキ派からも、厳しい質問がマルクスに寄せられてきた。ザスーリッチの手紙であり、『資本論』によればロシアの村落共同体の運命について、「村落共同体は古代的な形態であって、歴史により没落すべき運命にある」との主張の是非を問うものだった。

L・H・モルガンの『古代社会』を学び直していたマルクスは、「自己の労働を基礎にした私的所有は、他人の労働の搾取、賃金制度を基礎にした資本主義的私的所有にとって代わられる」「この西方の運動では、私的所有の一つの形態から、他のもう一つの形態への転化が問題なのです。これに反してロシアの農民にあっては、彼らの共同所有が、私的所有に転化されなければならないでしょう。ですから、『資本論』で与えられた分析は、農村共同体の生命力を肯定する理由も、否定する理由も提供してはいません。しかし、私が行った特殊研究により、私はこの共同体がロシアの社会的再生の支点だと確信するようになりました」と書いた。マルクスは、ザスーリチへの返書を借りて、『資本論』の「所有法則の転変」について、事実上の「修正」を行ったのである。

ここでの「自己の労働を基礎にした私的所有」は、すでに指摘したように自然法の理念としてJ・ロック以来の古典派労働価値説の基礎づけになったし、スミスは上記の通り自己の労働を「本源的購買貨幣」として、生産過程を流通過程化した。その結果、商品は労働生産物に限定されたし、商品経済的富として労働市場の労働力も土地・自然・エネルギーなども視野には入らない。マルクスは労働疎外論の立場で唯物史観を提起したが、『資本論』の「中期マルクス」の段階を迎えて、ようやく価値形態論の展開、労働力商品化による「貨幣の資本への転化」を解明した。しかし、古典派労働価値説の継承により、『資本論』冒頭の価値論では等労働量交換など単純商品生産社会を想定し、さらに「所有法則の転変」を説くことにもなり、ザスーリッチからの批判を招くことになった。そうした点で、古典派労働価値説の継承と受容についても、さらに現時点で改めて根本的な再検討が必要だが、それには別稿を準備しなければならない。

いずれにせよ七〇年代、パリ・コミューン後の動向からすれば、上記の本「評論」におけるバックスのコミュニタリアニズム（共同体社会主義）への展望について、マルクスも前向きに評価したとしても不思議ではない。同時にバックスの展望を、文字通り「真正社会主義」として評価したのではないか。そして、さらに重要なことは、上述の通り『コモンウィール』において、モリスとバックスが共同で歴史的に社会主義の「根源から」検討を加え、そのうえで『資本論』の解説の「注記」として、「自己の労働を基礎にした私的所有」について、前近代的な村落共同体のギルドにおける労働の組織の意義を提起した。(10) そのうえで、「否定の否定」として fraternity の共同体社会主義が展望されたのではないか。だとすれば、バックスが最晩年のマルクスに送った本「評論」の意義は、極めて大きいものと考えざるをえない。

〈注〉

(1) マルクスの誕生など、『資本論』執筆の頃までのマルクスについては、不十分ながら拙著『もう一人のマルクス』（日本評論社、一九九一年刊）を参照されたい。

(2) 唯物史観はマルクスにとり、経済学研究などのための「導きの糸」であり。資本主義社会を歴史的にとらえる単なるイデオロギー的な作業仮説である。『経済学批判』の「序文」で定式化されたが、出発点としては「経哲草稿」の「私有財産と自己の労働」であろう。また、作業仮説そのものは必要であり、マルクスが理論的、実証的な作業を進めるうえで非常に有効だったし、とくに古典派経済学批判には有効だった。ただ、あくまでも作業仮説は単なる仮説であり、理論的研究や具体的実証により検証されなければならない。理論や検証を抜きに主張されれば、イデオロギーであるだけにドグマとなってしまう。

(3) エンゲルスもマルクスの研究に協力しなかったわけでは決してない。しかし、マンチェスターでの経営など多忙であり、ロンドンとの距離もあって、二人の「マル・エン全集」的協業が再開されたのは、エンゲルスがロンドンに戻った一八七〇年秋以降である。

(4) 拙著『恐慌論の形成』日本評論社、二〇〇五年刊、一〇七ページ。

(5) 「初期マルクス・エンゲルス」に対して「中期マルクス」「後期マルクス」としたのは、この間ロンドンでマルクスが一人で『批判』『資本論』の研究を進めた点もあるが、その点についても拙著『恐慌論の形成』を参照のこと。

(6) 『マルクス古代社会ノート』クレーダー編

(7) 拙稿「英国初の『資本論』評論」『変革のアソシエ』第三二号＝二〇一八年一月。

(8) 『資本論』の第七編だが、先行の諸編と異なり、「いわゆる本源的蓄積」「所有法則の転変」など、歴史過程の展開が取り込まれている。そうした異質性に気付いたからこそ、マルクス自身も編別に手を加えたのであろうが、バックスもその処理に難渋している。『資本論』が純粋資本主義を抽象し、その運動法則を解明するとすれば、「貨幣の資本への転化」の理論化を徹底させ、本源的蓄積や所有法則の転変等の歴史過程をそこから切り離すべきだろう。それにより歴史過程とともに社会主義への転化も「科学的社会主義」として基礎づけることになると思われるが、それについては別稿を準備しなければならない。

(9) マルクスも七一年に『フランスにおける内乱』を書いているが、ここではエンゲルスの影響がかなり強い。こうしたことがインターの分裂、解散につながったのではないかと思われる。

なおパリ・コミューンに係わった若きバックスの体験が強く反映したのであろうが、『コモンウィール』に連載の「社会主義」の最後では、「ひとたび社会の経済システムの全体的な変動があれば、新しい倫理観がそれに随伴するに違いないのだ」と述べて、共同体社会主義のエトスとして提起しているのである。

(10) この点についての立ち入った検討は、拙著『ウィリアム・モリスのマルクス主義』（平凡社新書、二〇一二年）および川端康雄監訳、モリス・バックス『社会主義——その成長と帰結』（晶文社、二〇一四年）を参照のこと。なお、バックスについては後著、付論二「奇妙な二人組」（川端稿）を参照されたい。また、『コモンウィール』連載の「社会主義——その根源から」についても、付論一の拙稿「『社会主義』の初出「論文」と『著書』をめぐって」を参照のこと。

国家や権力の無化は可能か——マルクスの〈初期〉へ

久保　隆

第1節　国家という幻想

わたしにとって、マルクスとは、異貌なる思想家である。それは、〈初期〉の自然哲学の思考を胚胎させながら格闘していく時期から、〈後期〉の経済的カテゴリーの論及へと没入し、『資本論』第一巻という大著を刊行、さらに、バクーニン派を排除しエンゲルスとともに第一インターを主導していこうとする皮相な政治運動家（間違っても、革命家などというつもりはまったくない）像を持つということに、その異貌さがあると感じ続けてきたからだ。

遠い過去の時間、〈共産主義社会〉というものを、どのように思い描くべきかが、なかなか想起できないまま、現実にそのことを志向する集団が、わが列島のなかに、〈政党〉として実在することも含め、いったいマルクス主義とはなにかと、観念の彷徨とでもいうべきものを感受していたのが、わたし自身の少年期であった。なによりも、その頃、米ソ対立、東西冷戦という現実の時代情況にたいして暗い予兆のようなものを抱きながら、ソ連という国家は、とてつもない暗黒の世界のように思っていたのは確かだった。やがて、マルクス主義という理念が、初めて共産主義〈国家〉というかたちで実現したソ連は、あらゆる権力の集中と上から下へと統治・強制していく体制であることを知る。そして、〈ロシア革命〉前後の実相を自分なりに切開していきながら、その過程で、ナロードニキ、社会革命党（エスエル）、クロンシュタットの水兵の反乱、マフノ率いるウクライナ農民たちの抵抗運動などへ共感していくことになる。

レーニンやスターリン、トロツキーらが主導するボリシェヴィキ政権は対抗的渦動を徹底的に弾圧していったわけだが、ロシアで実現されたマルクス主義国家は、その後の、ドイツにおけるヒトラー政権やスペインのフランコ政権と同じ独裁政権国家でしかないことが自明のものとなっていく。しかし、それでも、それはスターリン政権の圧制というかたちで特化され、周知のように、スターリン批判が本格化するのは五〇年代に入ってからだ。それでもなお、ロシア革命によるボリシェヴィキ政権樹立は正当性を持ち続けていくという奇妙な時間が流れていく。誰が考えても、レーニンやトロツキーだけは偉大で、権力集中による間違った圧制に加担していないなどとはいえないのだ。トロツキー率いる赤軍は、クロンシュタットの水兵の反乱やマフノの農民運動を率先して弾圧したことは、まぎれもない事実だからだ。スターリンと対立して、国外へ追放され、やがて第四インターを結成し、メキシコで暗殺されるという悲劇の革命家としてのトロツキーは反スターリン主義の象徴として、七〇年前後の大きな渦動のなかで称揚されていくわけだが、わたしは、ほとんど共感することなく現在に至っている。ただし、幾つかの著作のなかで、例えば『永続革命論』よりは、『文学と革命』の方を高く評価していることだけは述べておきたい。

さてそこで、せり上がってくる疑念がある。ロシア革命をボリシェヴィキ政権によって成立したマルクス主義国家であると見做すことの根拠とはなにかということである。エンゲルスとの共著『共産党宣言』を、まるで『聖書』のように切実なものとしながら革命を成就したのだから、彼らマルクス・エンゲルス思想の信仰者たちは、マルクス主義者だといっていいのだろうか。たぶん、そういうことに違いない。しかし、キリストとキリスト教の信仰者は、明らかに違うように、マルクス（の思想）とマルクス主義（の思想）との間隙には大きな暗渠があると、わたしならいいたくなってくる。例えば、吉本隆明は、マルクス主義とは「マルクス思想のロシア的形態」、あるいは「ロシア的マルクス主義」だと極めて明快に断言していく。もちろん、わたしもまた、吉本の断言に全面的に首肯するつもりだ。

第二次世界大戦後、東欧、アジア、中南米といった先進国地域ではない場所で、いわゆる共産主義体制の国家群が成立していく。だがそれらは、無辜の民衆を解放し、平等な社会を実現しようという方位を、いつしか霧散させていき、強大な権力を行使する政府を有する国家というものが拡散していったに過ぎないといえる。だから、本当の意味での民主主義国家がどこにもないように、本当の意味での共産主義国家はどこにも存在してこなかったというのが、近現代史における世界だといっていい。実現可能かどうかは別として、国家や政府は、閉じていくものではなく、開いていくべきなのだ。そのためには、権力の問題が大きく立ちはだかるのはいうまでもない。

ふたたび、懐古的な記述になるのだが、わたしが少年期、初めて影響を受けたと認知できる表現者は、世界文学全集に名を連ねる大作家や思想家ではなく、ましてやバクーニンやマルクスでもなく、なぜか、ニーチェであった。どういう契機から知ったのかは、もう覚えていない。ニーチェについていえば、後々まで、あるいは今でもと、いっていいかもしれないが、わたし自身の内部に潜在し続けている。たぶん、わたしが、アナキズム的思考に共感していったのは、十代中頃にニーチェとの出会いが、大きく投影していると五十年以上経って、いま自分の軌跡を敢えて正当化したいい方をすれば、そうなるかもしれない。ニーチェの『ツァラトゥストラ』にある国家をめぐる言説を幾つか引いてみる。

「国家とは、すべての冷ややかな怪物のうち、もっとも冷ややかなものである。それはまた冷ややかに虚言を吐く」。「国家は善と悪についてあらゆることばを使って嘘をつく。国家が何を語ろうと、それは嘘だ。——国家が何をもっていようと、それは盗んできたものだ」。「見るがいい。どんなに国家が、かれら、多すぎる人間を誘いよせているかを。国家がどんなにかれらを呑み、噛み、そして反芻しているかを」。「ああ君たち、大いなる所有者を。君たちの耳にも、国家はその暗鬱な虚言をささやきこむ。ああ、国家は、よろこんでおのれを浪費し、身を捨てる豊かな心情の持ち主たちを見抜いているのだ。」（手塚富雄・訳）

抵抗詩人と称されていた金子光晴の詩に、「寂しさの歌」（一九四〇年五月）という戦時下の詩作品がある。「どっからしみ出してくるんだ。この寂しさのやつは。／夕ぐれに咲き出たやうな、あの女の肌からか。／あのおもざしからか。うしろ影からか」という書き出しの前にエピグラフとして、訳出は違うが、「国家はすべての冷酷な怪物のうち、もっとも冷酷なものとおもはれる。それは冷たい顔で欺く。欺瞞はその口から這ひ出る。『我国家は民衆である。』と」が置かれている。これは、ニーチェの国家への疑念に仮託した金子の戦時下における鋭利な視線であると見做していいはずだ。

かつてロシアの偉大な文豪が、『戦争と平和』と題した作品を書いたわけだが、〈戦争〉と〈平和〉というものは、相反するものではない。〈国家の相貌〉において表裏なものとして捉えることができるからだ。〈平和〉を招来させるためにといって遂行する〈戦争〉、虐げられている人たちを〈解放〉させるという名目で行う〈戦争〉、いずれも、「国家は善と悪についてあらゆることばを使って嘘をつく」のであり、「国家が何を語ろうと、それは嘘」なのだ。だから、〈国家〉が〈民衆〉を包括しうる幻想共同体である限り、そのことは続くと見做していい。

つまりそれは、国家がある限り政府というものがあり、その政府には強大な権力がある以上、どんな理想社会のヴィジョンを謳おうとも、それは絵空事でしかないということになる。

さてここから、わたしなりのマルクスへの接近を試みていくことになる。いま思い起こしてみれば、いわゆる〈初期〉の「ユダヤ人問題に寄せて」（一八四四年）と、『経済学・哲学草稿』（一八四四年）、そして、「資本制生産に先行する諸形態」（一八五七〜五八年）が、特にわたしを強く惹きつけたテクストであった。誰もがそうかもしれないが、いわゆる『経哲草稿』は、かなり深く耽読した記憶がある。ちなみに、わたしにとって、もっとも忌避すべき著書としてエンゲルスとの共著『共産党宣言』があるが、刊行は四八年であり、『資本論』第一巻の刊行は六七年である。

「ユダヤ人問題に寄せて」は、ドイツの哲学者、ブルーノ・バウアーの論文「ユダヤ人問題」、「現代のユダヤ人とキリスト教徒の自由になりうる能力」への批判・反論として書かれたものなのだが、この論稿はマルクスにとって初源の国家論であることを重視したい。当時の西欧社会の国家の有様は、ユダヤ教から分岐していったと見做されるキリスト教が、強大になって国家群を形成していた。宗教的、つまりキリスト教的装いを持つ国家がほとんどである以上、ユダヤ教のあるいはユダヤ人の権利、解放とは相いれないものがあったことになる。だから十九世紀においてもなお、ユダヤ人国家の成立は極めて困難なものだったといえる。結局、二十世紀最大の世界大戦後に、西欧にではなく、西アジアのパレスチナ人が長年、生活・居住する場所に西欧のキリスト教大国の為政者たちの承認によってユダヤ人国家・イスラエルが建国することになったが、パレスチナ人にとっては侵略、強奪以外のなにものでもないわけだから、イスラエル・パレスチナ問題は、七十年経った現在でも依然、道筋の見えないものとなっているのだ。

だから、民族浄化と称して、ユダヤ人虐殺を率先して実行したヒトラー政権の百年ほど前に、ドイツ（プロイセン）において、二十代と三十代という若き哲学者たちの間でユダヤ人をめぐる論争があったことは特記すべきことだといっていい。もちろん、ユダヤ系を出自としているマルクスにとっては、切実なことであったとしても。

「バウアーの誤りは、『キリスト教の国家』だけを批判して『国家そのもの』に批判を向けなかったことにあり、人間的な解放と政治的な解放はどのような関係にあるかということを考察せずに、政治的な解放を普遍的で人間的な解放と没批判的に混同したことによってしか説明できないような条件を提示していることにある。（略）政治的な解放と宗教の関係という問題は、わたしたちにとっては政治的な解放と人間的な解放の関係という問題になる。（略）ユダヤ教徒、キリスト教徒、一般に宗教的な人間が政治的に解放されるということは、国家がユダヤ教、キリスト教、一般に宗教そのものから解放されるということである。国家が国家という形式において、その本質に固有の形で宗教から解放されるのは、国家がその国家の宗教から解放されるときである。すなわち国家が国家として、いかなる宗教も公認せず、国家がみずから国家であると宣言するときである。（略）政治的国家が真の成熟段階に到達すると、人間は思考の中や意識の中だけでなく、現実において、その生活において、天上の生と地上の生という二重の生活を営むのである。天上の生とは、政治的な共同体における生であり、そこでは人間はみずから共同存在として生きている。地上の生とは、市民社会の生である。そこでは人間は私人として活動としている。」（「ユダヤ人問題に寄せて」中山元訳）

ここでは、国家というものの有様を、宗教的な権力によって付帯させる段階から、政治的国家、つまり、宗教に代って〈法〉によって定立させる近代国家の像を描出している。そして、公民と市民という二重構造の位相を析出していくわけだが、しかしと、わたしならいいたくなる。市民社会という構造もまた、ひとつの過度期形態でしかなく、それは、結局、西欧社会における特有なものと見做していくしかない。わが列島も含む、〈アジア的〉な場所では、公と私という二重性はないということがしばしば生起しているからだ。

吉本隆明は、その著『カール・マルクス』（一九六六年）のなかで、「ユダヤ人問題に寄せて」に触れて、次のように述べている。わたしの偏見じみた解析より、はるかに明快だ。

「宗教・法・国家という主題は、初期のマルクスがかかわった最大のものであり、また、もっともかれの思想を難しくし、正解を困難にさせている。この主題にむけられたマルクスの錯綜した思考と論理をうまくたどれば、そのあとほとんど誤解することはない。（略）国法が宗教を附着している度合いに応じて宗教は国家のもんだいになり、法が宗教を放棄するやいなや、宗教のもんだいは、天上から現世のもんだいに変る、と。〈政治的解放〉の限界は、人間が解放されていなくとも、国家は解放されていることがありうるという点にあらわれる。人間は自由な人間でなくても、国家は自由国家でありうる。ここでマルクスの国家観は、はじめて徹底したすがたであらわれる。」

もし、人間が実体的な存在としてあるならば、国家は、人間の観念(幻想)が表象したものだといえることになる。国家というものは、〈共同幻想〉であると提示したのは吉本だが、政府というものは、実体的な共同性であるといっていい。つまり、国家＝政府ではないということだ。このことは、現実の社会のなかで、明確に、わたし(たち)は認識すべきこととしてあるということだけは、強調しておきたい。

第2節　幻想の共同性

マルクスの『経哲草稿』は、市民社会の構造を解析するために、経済的なカテゴリーと〈自然〉哲学のカテゴリーを投射して、いわゆる〈疎外〉という概念を析出したことで知られているわけだが、わたしには次のような論及がいいようのないかたちで迫ってくるといっていい。

「人間の普遍性は、実践的には、まさしく人間が自然全体を自分の非有機的身体とする普遍性のうちにあらわれるので、そこでは、自然の全体が直接の生活手段であるとともに、人間の生命活動の素材や対象や道具になっている。自然とは、それ自体が人間の身体ではないかぎりで、人間の非有機的な肉体である。人間が自然に依存して生きているということは、自然が人間の肉体だということであり、人間は死なないためにはたえず自然と交流しなければならないということだ。人間の肉体的・精神的生活が自然と結びついているということは、自然が自然と結びついているというのと同じだ。人間は自然の一部なのだから。」（『経済学・哲学草稿』長谷川宏訳）

かつては、「人間の肉体的・精神的生活が自然と結びついているということは、自然が自然と結びついているというのと同じだ。人間は自然の一部なのだから」と述べる若きマルクスのイメージは、ある意味イノセントなものとして、わたしは解していたし、わたし自身もまた、「人間は自然の一部」であるという摂理を無条件で受け入れていたともいえる。だが、現在という場所から視線を射し入れてみるならば、ひとつの普遍性を持っていると認識できたとしても、そのことをリアルな感性で受けとめていくことを困難にしている。いわゆる、三・一一以後の世界を考える時、〈自然〉が、人間社会への反抗というかたちで表象したと見做すべきだといえるからだ。〈自然〉は、もはや、人間の外部でしかない。いや、そうではない、人間は、〈自然〉の外部でしかないのだ。若きマルクスが確信して疑わなかった、人間と〈自然〉との共同性は、マルクスの思想が、やがて、マルクス主義の思想として変容していく時間性とともに、壊れていったともいうことができるかもしれない。だから、わたし（たち）にとって、そもそも〈自然〉哲学とは何かということも、時を重ねたいま、わたしのなかでは記号概念のようなものとしてしか感受できなくなっていることもまた確かなのだ。それでもなお、マルクスの〈初期〉を表象する『経哲草稿』は、わたしのなかで、大きな位置を占めているのは間違いない。だから、一方で、吉本のように捉えていくことに、わたしは、反証できないでいる。

「かれの、人間と〈自然〉との関係としての〈自然〉哲学と、自然史の過程としての歴史という〈歴史〉哲学は、後世、悪い注釈家によって弁証法的唯物論と史的唯物論というようなかたちで定式化された。いいかえればロシア的〈マルクス〉主義に転化した。しかし、かれらは、〈人間〉と、人間が欲するといなとにかかわらず形成してしまった〈社会〉とを、徹底的に〈自然〉そのものに解消するというマルクスの〈思想〉のおそろしさをとうてい理解しているとはおもわれない。すべての思想は、その中枢にこういうおそろしさをもっているということをしらぬ〈マルクス〉主義者などは、ごまんとあつまっても解釈学を、いいかえれば学問的屑をつみかさねるだけである。」（吉本『カール・マルクス』）

なるほど、マルクスの〈自然〉哲学や〈歴史〉哲学が、「弁証法的唯物論と史的唯物論というような」

皮相な「かたちで定式化された」ことは、理解できる。だが、「〈人間〉と、人間が欲するといなとにかかわらず形成してしまった〈社会〉」を、「徹底的に〈自然〉そのものに解消する」方位であるといわれれば、首肯せざるをえない自分と、イデオロギーが〈自然〉を解体していくこともあるはずだと思えば、どこかで逡巡するわけにはいかない。

「アジア的な（すくなくもそれが支配的な）形態では、個々人の所有は存在せず、個々人の占有だけである。そこでは共同体が本来の実際の所有者である。したがって、所有は土地に対する共同体的所有のかたちでしか存在しない。古代人の場合（最も古典的な例であるローマ人では、事態が最も純粋で最も明瞭な形態をとる）、国家的土地所有と私的土地所有との対立的な形態が存在するため、後者が前者によって媒介されたり、前者自身がこの二重の形態で存在したりしている。（略）最も堅固で最も長期にわたってもちこたえているのは、必然的にアジア的形態である。これは、個々人が共同体に対して自立した存在となっておらず、生産の範囲が自給自足的で、農業と手工業とが一体となっている等、といったアジア的形態の前提に根ざしている。個々人が共同体と彼の関係を変化させるならば、彼はそれによって共同体の経済的前提と同様に共同体を変化させ、それらに破壊的に作用をする。」（「資本制生産に先行する諸形態」木前利秋訳）

西欧社会を中心とした歴史的史観が濃厚であったマルクスにあって、アジア的形態を措定したことは、大きな意味を持つ。「諸形態」発表後に刊行された『経済学批判』の「序文」で、「アジア的、古典古代的、封建的および近代市民的な生産様式が、経済的な社会構成のなかに累積してきた時代としてあげることができる」（木前利秋訳）とする史観は、厳密にいえば正鵠をえているとはいえないとしても、その後、例えばウィットフォーゲルによって、〈アジア的生産様式〉という概念を援用しながら、〈アジア的専制政治〉へと切開していく方途は、それなりに、わたしも関心を持って接近した覚えがある。わたしなら、ロシアの大半がユーラシア大陸という地理性を有することで、ある意味、〈アジア的共同性〉を潜在していると見做してみたいのだが、それは、大陸中国に生起した毛沢東政権と同様に、スターリン体制もまた、〈アジア的専制〉の際立った象徴といっていいのではないかと捉えてみたいのだ。なぜなら土地の共同体的所有が、個的所有を抑制していくというアジア的な形態の特質として見做すことができるからだ。

「あたかも十九世紀の西欧資本主義社会の興隆期に、ルソーやヘーゲルやマルクスによってかんがえられた、西欧近代社会を第一社会とし、これに接するアジア地域の社会を第二社会とし、アフリカ大陸や南北アメリカやその他の未明の社会を旧世界として世界史の外におく史観がアフリカ大陸の社会の興隆とともにさまざまな矛盾や対立を惹き起し、それがヘーゲル、マルクスなどの十九世紀的な史観の矛盾に起因すると見做されるとすれば、『アフリカ的段階』という概念を、人類史の母型（母胎）概念として基礎におき、史観を拡張して現代

的に世界史の概念を組みかえざるをえないかもしれない。」（吉本隆明『アフリカ的段階について』一九九八年）

歴史的先進性や後進性というものは、現在的な時間軸においても、同じ様に先進性と後進性とに区分できると考えるのは、どこかで驕りのようなものを感じないわけにはいかない。マルクスの思想とマルクス主義の思想は、違うと感受しながらも、史観のパラドックスを思う時、マルクスとエンゲルスがはじめに想起した共産主義革命なるものは、先進的な資本主義国家、あるいは先進工業国を念頭において構想していたはずだ。現実的には、ロシアは農業大国であり、大陸中国をはじめアジアや中南米、アフリカといったマルクスの史観からいえば後進諸国において、たんに共産党と自称する政権によって政治的権力の奪取劇を行ったにすぎないことを思えば、『共産党宣言』における誇大宣言は詐欺に等しいと断言していい。

「本来の意味の政治的権力とは、他の階級を抑圧するための一階級の組織された権力である。プロレタリア階級が、ブルジョア階級との闘争のうちに必然的に階級にまで結集し、革命によって支配階級となり、支配階級として強力的に古い生産諸関係を廃止するならば、この生産諸関係の廃止とともに、プロレタリア階級は、階級対立の、階級一般の存在条件を、したがって階級としての自分自身の支配を廃止する。／階級と階級対立とをもつ旧ブルジョア社会の代りに、一つの協同体があらわれる。ここでは、ひとりひとりの自由な発展が、すべて

の人々の自由な発展にとっての条件である。」（大内兵衛・向坂逸郎訳）

レトリックと欺瞞に満ちた言葉の数々を引きながら暗澹たる思いになる。そもそも、「革命によって支配階級とな」って、「強力的に古い生産諸関係を廃止」した後、「階級としての自分自身の支配を廃止する」としているが、なぜ、支配階級にならなければ、「古い生産諸関係を廃止」できないのかを明確にしていない。支配階級として掌握する〈権力〉は媚薬であり、ある種の宗教的権威となっていくことを、想定できないわけはないのだ。

吉本が、「『共産党宣言』もそうであるが、こういう〈宣言〉（引用者註＝一九八六年九月の第一インターナショナル設立集会での〈創立宣言〉）になると、マルクスの思想は脳髄と心臓とをくっつけた奇形児のような印象をあたえる。煽動的な効果をふくむため、という以外のなにかがここに介在している。かれが〈万国〉というとき〈西欧国家〉を意味したように、歴史性の軸を導入することによって、〈法〉・〈国家〉の問題は、かれの〈万国〉の理念に復讐したのではなかったろうか？　この矛盾をかれの〈宣言〉はすくなくとも看過しているようにおもわれる」（『カール・マルクス』）と断じていくことに、わたしもまた同意したい。そして、『資本論』第一巻の完成とその後の第一インターにおけるバクーニン派との対立、やがてヘゲモニーを簒奪していくマルクスとエンゲルスの有様を考えると、どうしても、運動体における多数派工作のような皮相で、小賢しい政治屋的暗躍をするマルクス像を無視できない。このことは、わたしならそのまま、マルクス主義という思想の暗渠を指し示しているといいたくなってしまうのだ。

第3節　幻想の権力へ

マルクスならびにマルクス主義の思想のなかで、わたしが最も疑義に思うことは、〈権力〉の問題である。そもそも階級概念が〈権力〉性を付随するものである以上、何度でもいいたくなるが、『宣言』にあるような、「階級としての自分自身の支配を廃止する」ということを、直截に述べられること自体、欺瞞に満ちているのだ。わたしが、長い間、〈権力〉の周縁に思考をめぐらせて、やや暗礁にのりあげているかのように立ち止まっていた時、偏在する「権力」、網の目の「権力」といった独特の権力論を展開していくミシェル・フーコーの著作世界に出会った。それは、政治的な〈権力〉だけにフォーカスするこれまでのアプローチを根底から転換する発想であった。マルクス主義的な権力論、あるいは、反マルクス主義的な権力論をも揚棄していくフーコーの権力論は、マルクス主義（フーコーの場合、マルクスとマルクス主義を分岐せずに俎上にのせている）へのアプローチも独特の見解を披歴していくことになる。

「マルクス主義は十九世紀の思考において水のなかの魚のようなものであって、それ以外のどこででも呼吸するわけにはいかなかったろう。マルクス主義が経済にかかわる『ブルジョワ』理論に対立し、その対立のなかで、『ブルジョワ』理論に対抗して〈歴史〉の根源的転換を企てたとしても、そうした葛藤と投企は、すべての〈歴史〉の奪取ではなく、十九世紀のブルジョワ経済学と革命的経済学とをおなじ様態にもとづいて同時に規制してきた、考古学全体によって正確に位置づけられうる出来事を、その成立条件としているのである。両者の論争が、何らかの風波をかきたて、表面に波紋を描こうとも空しい。所詮それは子供の遊ぶ盥のなかの嵐にすぎない。」（M・フーコー『言葉と物』渡辺一民・佐々木明訳、一九六六年）

「マルクス主義は十九世紀の思考において水のなかの魚のようなものであって、それ以外のどこでも呼吸するわけにはいかなかった」といういいかたは、いかにもフーコーらしい視線だ。わたしが、アナキズム的思考をマルクス主義批判として表出する時、それも、結局、「子供の遊ぶ盥のなかの嵐にすぎない」のかもしれないと自省するしかない。

一九七八年四月にフーコーと吉本は対談をしている。題して「世界認識の方法――マルクス主義をどう始末するか」。後に、吉本隆明の著書『世界認識の方法』（八〇年六月刊）に収められている。吉本は、その「あとがき」で次のように述べている。

「思想はその究極の像において、権力を無化するところに到達できるのか、権力の心臓があまりに明晰に解剖されたために、もはやそのまぶしさに権力が耐ええないということまで認識が届きうるかということだけがなにかでありうる。」

わたしもまた、吉本の権力の無化へと志向することに共感を抱きつつも、果たしてどれだけの歩を進めることができるのだろうかと思わざるをえない。

吉本との対談「世界認識の方法」での、フーコーが発言した箇所を以下、引いてみる。

「政治的イマジネーションの貧困化、枯渇化という現象のその原因として、マルクス主義が存在しているからであり、これを考えるにはマルクス主義なるものが、基本的な意味で権力の一様態にほかならぬという点をおさえておく必要がある。つまりマルクス主義とはいわば権力的諸関係の総体というか、権力のメカニズムと権力の力学の総体なのです。（略）マルクス主義を哲学として必要とする国家の存在なしには、マルクス主義は機能しえなかったという事実は、世界でもおそらく西欧社会でも、それ以前にはまったくなかった稀有なる現象だと思います。（略）もちろん十八世紀以前には無神論的な国家など存在したためしはなく、国家というものは、きまって宗教の上に基盤を置いていたわけです。したがって哲学的国家など存在しようもなかったわけです。（略）マルクス主義の三側面、つまり、科学的ディスクールとしてのマルクス主義、予言としてのマルクス主義、そして国家哲学または階級的イデオロギーとしてのマルクス主義が、権力関係の総体と深い関連を持たざるをえない。片をつけるかつけないかが問題となるのは、マルクス主義のこうした側面がかたちづくる権力的力学の場ではないでしょうか。こうしたものとしてのマルクス主義が、今日、再審に付されようとしているのです。（略）マルクスという顔は、明らかに十九世紀に所属しています。十九世紀においてマルクスは特殊な、ほとんど決定的といってもよい役割を演じはした。けれども、その役割は、明らかに十九世紀的なものであり、そこにおいてしか機能しない。」（蓮實重彦訳）

「マルクス主義なるものが、基本的な意味で権力の一様態にほかならぬ」とフーコーは断定していく。「子供の遊ぶ盥のなかの嵐」よりは、幾らか真っ当ないい方になるとはいえ、マルクス主義信奉者にとっては、首肯できない言述といっていいかもしれない。しかし、さらに徹底した楔を打ち込んでいく。マルクスの「その役割は、明らかに十九世紀的なものであり、そこにおいてしか機能しない」とまでいい切っていくのだ。

フーコーとの対談の八年後に書かれた吉本の権力論は、当然、この発言を受けながら、フーコー権力論を意識したうえで、独自の権力論を展開している。

「権力の由緒を追い求め、ついに権力がそう見える外観を突破して、その内在にまで踏み込んでゆくと、踏み込んだ途端から、権力は異なった貌にみえてくる。それはある限度をこえたとき、その概念自体が発するものが、不可避の力価に見えてしまうあるひとつの象徴なのだ。ここまでくれば権力はわたしとあなたのあいだ、あるいは人間と人間とのあいだの関係の絶対性のようにおもわれてくる。無数のわたしと無数のあなたとの関係が、不平等と千の差異から出発するのは不当だし、それを到達点だとするのも不当だ、だが、権力とは自然力のようにさし迫ってくるものを、究極的には指しているのではないか。だからこそ権力は、皮膚に触れ、皮膚を圧してくる物質のなかに滲透して、物理的な力を加えてくるものであるかのように比喩される像なのだ。（略）国家権力から分化して、局所の権力は上から下へ毛細血管のように作用しているから、どんな社会体の局所に働く権力も、収斂すれば国家権力に帰するという、マルクス主義のやりきれない宗教的な嘘を、フーコーはまったくくつがえしたかったのだ。だがわたしはマルクス主義の国家観には未練はないが、マルクスの国家観には未練がある。フーコーには局所の権力以外に権力の問題はないし、局所の権力が支えになって形成される亀裂や断層にしか意味をもとめていない。／わたしたちの未練は、大局的に上から下への傾斜に方向づけられる権力線という考え方にのこされる。国家と市民社会のあいだの対立が問題なのではなく（それは先進地域では第一義的な意味を失った）、国家そのものの存在と、その持続自体が、現在もまだ依然として世界史的な問題だということだ。」（吉本隆明「権力について――ある孤独な反綱領」一九八六年）

吉本権力論は、確かに鮮鋭な様相を湛えて、わたしに衝迫してくる。だが、吉本が「大局的に上から下への傾斜に方向づけられる権力線」と見做すとき、フーコーは「下から来る」といい、「権力は至る所にあ」り、「至る所から生じる」と述べていく。偏在する「権力」、網の目の「権力」とは、結局、わたし（たち）を〈権力〉から逃れることを不可能にしているとしか思えなくなるといっていいのではないか。

「権力の遍在だが、しかしそれは権力が己が無敵の統一性の下にすべてを再統合するという特権を有するからではなく、権力があらゆる瞬間に、あらゆる地点で、というかむしろ、一つの点から他の点への関係のあるところならどこにでも発生するからである。権力は至る所にある。すべてを統轄するからではない、至る所から生じるからである。（略）権力は下から来るということ。すなわち、権力の関係の原理には、一般的な母型として、支配する者と支配される者という二項的かつ総体的な対立はない。（略）権力のある所には抵抗があること、そして、それにもかかわらず、というかむしろまさにその故に、抵抗は権力に対して外側に位するものでは決してないということ。人は必然的に権力の『中に』いて、権力から『逃れる』ことはなく、権力に対する絶対的外部というものはない、何故なら人は否応なしに法に従属させられているから、と言うべきであろうか。（略）権力の関係は、無数の多様な抵抗点との関係においてしか存在し得ない。（略）権力の関係の網の目が、機関と制度を貫く厚い織物を最終的に形成しつつ、しかも厳密にそれらの中に局限されることはないのと同じようにして、群をなす抵抗点の出現も社会的成層と個人的な単位とを貫通するのである。そしておそらく、これら抵抗点の戦略的コード化が、革命を可能にするのだ、いささか、国家が権力の関係の制度的統合の上に成り立っているように。」（M・フーコー『性の歴史Ⅰ 知への意志』渡辺守章訳、七六年、八六年日本語版）

わたしは、いったい何に拘泥しているのだろうか思う時がある。国家、権力というものを、なぜ、俎上に載せなければならないのかと。吉本の考え方、あるいはフーコーの偏在する権力という問題を反芻しながら祖述していくならば、マルクス主義的理念による国家や、ファシズム的な国家、あるいは、デモクラティックな国家でもいいが、そこには、虚妄の媚薬によって、生活者たちに、ニーチェふうにいえば嘘をついて翻弄しているだけではないかということである。国家や法・宗教というものは、人が人として生きる時、本当に必要なものなのだろうか。人と人の関係性、その先の共同性がなぜ無垢な繋がりではだめなのだろうかと、思う。国家や権力というものは、幻想的なもの、観念の集積といえるにも関わらず、実体として、わたし（たち）を苦渋のなかに押し込めているだけなのだから。

「『生』とは、さまざまの闘争者がたがいにふぞろいな生長をとげる力の確立過程の持続的な形式であると定義されうるかもしれない。この点では服従のうちにも抵抗があり、自主的権力はけっして放棄されてはいない。」「権力への意志は抵抗に当面してのみ発現することができる。それゆえこの意志は、おのれに抵抗するものを探し求める、——これが、原形質が偽足をのばして周囲を手さぐりするときの、その根源的傾向である。」「生は何ものかのための

手段にすぎない。すなわち、生は権力の生長形式の表現である。」（ニーチェ『権力への意志』原佑訳、一九〇一～六年）

『宣言』が高らかに謳う「階級としての自分自身の支配を廃止する」よりは、ここでの「自主的権力はけっして放棄されてはいない」「権力への意志は抵抗に当面してのみ発現する」というニーチェの言葉の方が遥かに切実ではあるし、〈権力〉の実相を射ている。こうして、わたしは、さらに逡巡することになる。

果たして、〈権力〉の無化は、可能なのかと。

マルクス自由論の陥穽
――アンドレ・ヴァリツキの所説を参照して

千石好郎

はじめに

今、マルクス主義の現状は、どのような状況にあるのだろうか？

マルクス主義を教義とする共産党が国家権力を掌握している中国と北朝鮮を見てみよう。

中国は、社会主義市場経済を国是として改革開放を推し進め、今や「一帯一路」路線を推進し、かつての資本主義諸国が展開した帝国主義的拡大に躍起となっている。まさに、資本主義を超克し、共産主義革命を実践しようとする政党が国家権力を掌握し、資本主義を運営しようとする奇妙な状況である。また北朝鮮は、自らの体制存続のために「核武装」に奔走している。

一九九一年のソ連邦崩壊後、「新自由主義」を旗印にグローバリゼーションが遂行され、格差が拡大し、二〇〇一年にはアルカイダによって九・一一のテロが起こり、「イスラム国」（ＩＳ）

の台頭によって、難民問題が先進国を揺るがしている。
　このような状況のなかで、「マルクス主義の旗のもとに」という声は、かすかにしか聞かれない。昨年は、ロシア革命一〇〇年であったが、めぼしい研究成果が見られただろうか？　マルクス主義による「社会主義の実験」の総括は、進捗が見られたようには思えない。
　このような状況の下で、マルクス主義の綜合的総括を試みる必要があるのではなかろうか？　簡単な見取り図を提示しよう。マルクス、エンゲルス、レーニン、スターリンを肯定的に評価するか、否定的に評価するかで五つに類別してみよう。

図　マルクス主義の諸類型

	マルクス	エンゲルス	レーニン	スターリン
Ⅰ類	○	○	○	○
Ⅱ類	○	○	○	×
Ⅲ類	○	○	×	
Ⅳ類	○	×		
Ⅴ類	×			

（○＝肯定的　×＝否定的）

　そこで、先ず、マルクス主義の歴史を、そのピーク時であった第二次世界大戦時の「マルクス・レーニン主義」（スターリン主義）から、その解体過程を簡単に振り返ってみよう。

一九一七年のロシア革命以来、第二次世界大戦後に、東欧圏や、中国にまで社会主義圏が拡大し、マルクス主義は、「マルクス・レーニン主義」という呼称のもとで、スターリン主義が絶大な権威を誇っていた。それが、時の経過とともに、崩壊してきた。極めて大雑把に述べれば、一九五六年のソ連共産党第二〇回大会で、当時のフルシチョフ書記長が「スターリン批判」を行って、Ⅰ類からⅡ類へと大きな思想的大転換がなされた、それから、ゴルバチョフ書記長のペレストロイカによって、Ⅱ類からⅢ類へと雪崩現象が生じ、それは一九九一年のソ連・東欧諸国の「社会主義諸国」の崩壊によって、決定的となった。さて残るは、マルクスである。

マルクスは、レーニンのロシア革命や、スターリンの全体主義的社会体制に無縁なのか？　マルクスは、何を目ざしていたのだろうか？　『共産党宣言』では、「各人の自由な発展が、万人の自由な発展の条件であるかのような一つの連合社会（association）」（『マルクス・エンゲルス全集』第四巻、四九六頁）と、高らかに宣言されている。また、マルクスの主著である『資本論』では、「自由の国」こそ、自らが目ざしているものであることを述べている。さらに、E・カメンカは、『マルクス主義の倫理学的基礎』の「まえがき」の冒頭で「マルクスは、自由のために共産主義におもむいたのであって、安全のためではなかった」[1]と書いている。

では、マルクス「自由」論とは、如何なるものなのか？　その内実が、問われるのである。

第1節　マルクス自由論の基本的骨格

マルクスの自由論を検討するには、従来の研究成果を踏まえる必要がある。そこで、筆者は、日本の先行研究や欧米の若干の文献を調べてみたが、もっとも納得がいったのは、アンドレイ・ヴァリツキ（Andrezej Walicki）の業績であった。

ヴァリツキは、一九三〇年にワルシャワに生まれ、一九五九年にワルシャワ大学でロシア語・文学の分野で修士号を取得し、一九六四年に哲学史の分野で博士号（ポーランド科学アカデミー・哲学社会学研究所）を取得し、一九六八年に哲学社会学研究所のポーランド近代哲学研究部長となった。マルクス自由論に関する業績には、以下のものがある。

一九八三年　〝The Marxian Conceptions of Freedom〟(2)

一九九五年　〝Marxism and the Leap to the Kingdom of Freedom〟,Stanford Univ.Pres s,(3)

A　マルクス自由論の基本的骨格

ヴァリツキは、「マルクスの自由概念」の冒頭で次のように述べている。

「自由の概念は、マルクスの思想の内で幾分奇妙な位置を占めている。それは、彼の思想の中心問題であると同時に、周辺的問題に過ぎないものでもある。すなわち、哲学の地平においては中心問題であり、法と政治の地平においては周辺的問題なのである。通説に反して、歴史と人間に関する全てのマルクスの哲学は、社会的正義の問題ではなく、自由の問題に関心を集中させている。いやしくもマルクス主義者が〈歴史の意味〉――歴史がより良きものへ向う内在的傾向を持っているという意味において（この点ではヘーゲルに忠実であった）マルクスにとっては、この意味は自由の実現のうちに存するのである。ところが他方では、マルクスの自由の哲学は、法学や政治学の用語には直接には翻訳することができない(4)」と。

このように哲学の地平と法と政治の地平を分けて、マルクスにとって前者が中心問題で、後者が周辺的問題であったことが、指摘されている。

B　哲学的自由概念

では、マルクスにとって、哲学的意味での自由とは、何を意味していたのか？

自由とは、「客体性に対する主体性の勝利、物の支配からの人間の解放」であった。物の支配には、①「盲目の」自然的必然性と、②物象化された社会的諸関係という二つの形態がある。

「人間と自然との関係においては、自由は、生産力の発展を通じて達成される人類の力の最大化を意味した。他方、個人と社会との関係においては、自由は、人間が社会的諸関係を意識的に形成すること、そしてそのことによって、疎外され物象化された社会的諸力の非人格的力から個人が解放されること、として理解された[5]」。

ここで、第一の関係においては、「自由の主体は、集合体（社会あるいは人類）であって、ここで問題になるのは、個人をますます隷属化するという代償のもとに自らを自然の力から解放する集合体としての人間の発展であ」り、第二の関係においては、「自由の主体は、個人でなければならなかった。その個人が自己の疎外され〈社会化された〉（物象化された）力を再吸収し、社会諸関係を意識的なコントロール（支配）に服せしめる」とされた。

しかしながら、両者いずれの関係においても、「自由は、自然的な力に対する理性の勝利、客体性――物理的世界の〈自然的〉客体性と社会的世界の〈人工的〉客体性――に対する主体（それが集合体であれ個人であれ）の勝利として理解されていたのである」。

この見地からすれば、マルクスにとって「自由」は、「あれやこれやの法的・政治的体制に左右されるものではないし、また、国家そのものも組織的強制なのであって自由の保護装置ではない。したがって、自由についての法的政治的な概念や「保障」は彼にとっては本質的に二義的な事柄なのである[6]」とされる。

C　マルクスにおける「歴史の意味」と「真の自由の実現」

では、「歴史の意味」は、ヘーゲルからマルクスへとどのように転換してきたのか？

ヘーゲルにとって歴史の意味は、「疎外を通じてなされる自己への還帰（selfenriching alienation）」の過程において実現されるものである。マルクスは、当初、「ヘーゲルの弟子として、目的論へ傾斜していた。一八四四年の『経済学・哲学草稿』においては、彼は、共産主義を〈歴史の謎の解決〉として、したがって、歴史の予定された目的（終着点）として描いていた。彼は、ヘーゲルの「疎外を通じてなされる自己への還帰」という枠組を受け容れ、『経済学・哲学草稿』では、共産主義を「人間の社会的（すなわち人間的）存在としての自己への完全な還帰――意識的に達成される還帰、それ以前の発展のすべての成果を包含する還帰」[7]として、「歴史の予定された目的（終着点）として描いていた」[8]。

「しかしながら、マルクスはただちに、歴史の意味の目的論的概念は、共産主義を「科学的なもの」にするという厳格な綱領と両立しえないということを自覚するようになり、『神聖家族』と『ドイツ・イデオロギー』では、あらゆる目的論を「断固として否定」するようになり、歴史それ自体は、何事をも為さないのであって、人間こそがこの歴史というドラマの俳優でもあると同時に作者――唯一の作者――なのだとマルクスはくり返し述べている」[9]。こうして、共産主義の定義が次のように変更される。すなわち、「共産主義とは、われわれにとって成就されるべきなんらかの状態、現実がそれへ向けて形成されるべきなんらかの理想ではない。われわれは、現状を止揚する現実の運動を、共産主義と名づけている。この運動の諸条件は、いま現にある前提から生ずる」[10]。

しかし、ヴァリツキによれば、「マルクスは、アプリオリに前提された形而上学的な〈歴史の意味〉を否定しつつも、同時に、歴史のうちに、内的で弁証法的な意味を求めようとした。そして今度はこのことが、歴史は必然性によって支配されているというマルクスの確信を一層強化したのであった。——その必然性は、世俗化された摂理もしくはヘーゲルの〈歴史の中の理性〉、即ち自分自身の様々な目的を実現するために人間を「狡猾」に利用する例のヘーゲルの理性、に類似した必然性であった[11]」という。

マルクスは、経済学批判のたゆまない試みを通して、資本主義社会では、人間は、疎外され物象化されて完全に不自由になっており、「個人の真の自由」は、自然に対しても、社会諸関係に対しても、意識的コントロールが行なえる状況になって、実現することと考えたのであった。すなわち、マルクスは、「社会的生活過程の姿は、それが自由に社会化された人間の所産として人間の意識的計画的な制御のもとにおかれたとき、はじめてその神秘のヴェールを脱ぎ捨てるのである[12]」と主張した。さらに、『資本論』の「自由の国」論も、この延長線上にある。

マルクスは、「真の自由」を「人間の能力の自由な発展」と考えるが、これは、ヴァリツキによれば、「自由を主体性と等置し、客体化（「実定性」、「疎外」、「物象化」）と対置するこうした自由の概念は、マルクスを、フィヒテやヘーゲルのようなドイツ哲学の偉大な古典と結びつけた[13]」のであった。

以上が、マルクスの「哲学的自由観」である。

D　古典的自由主義に対するマルクスの態度

ヴァリツキは、マルクスの自由の哲学は、「法学や政治学の用語には直接には翻訳することができない」と述べた。しかし、古典的自由主義と対比することは出来る。古典的自由主義を最も的確に整理した著書はI・バーリンの『自由論』である。そこでは、「積極的自由」と「消極的自由」とが対比されていた。すなわち、「ひとが自分自身の主人であることに存する自由」と「わたくしが自分のする選択を他人から妨げられないことに存する自由」がそれである。[14]

ヴァリツキは、「マルクスの自由概念が、この〈消極的自由〉と何ら共通するものを持たないということとは、容易に見てとることができる」し、マルクスは自由を積極的自由として把握していたという。[15]『ユダヤ人問題によせて』（一八四四）では、フランス革命時の「人権宣言」について、「公民であることが、政治的共同体が、政治的解放者たちによって、このいわゆる人権の保全のための単なる手段にまで引き下げられたということ、したがって、公民（citoyen）は利己的な人間（hommes）の召使と宣言され、人間が共同的存在としてふるまう領域は部分的存在としてふるまう領域の下におしさげられ、結局、公民としての人間ではなしに、ブルジョワ（市民社会の一員）としての人間が本来的な真の人間だと考えられたこと、このことをわれわれが知るとき、さきの事実はますます謎（不思議なこと）となる[16]」と。

こうして若きマルクスは、「人の権利」という自由主義的な概念に敵対し、民主主義的な政治的自由の立場を採用したのであった。つまり、「消極的自由」ではなくて、「積極的自由」を支持したのであった。

このような基本的視座に立って、マルクスは、「最も自由主義的な立法活動がなされていた時代即ち古典的自由主義の時代を、人類史上で疎外と社会的諸力の物象化が最も甚だしかった時代、人間の自己の運命に対するコントロールが最も弱かった時代であって、その点から見れば自由が最も少なかった時代であった[17]」とさえ主張しているのである。

第2節　マルクス自由論が孕む諸問題（ヴァリツキによる解析と批判）

これまでヴァリツキの一九八三年の論文「マルクスの自由概念」に依拠して紹介してきたが、これからは、一九九五年の大著『マルクス主義と自由の国への跳躍』（〝Marxism and the Leap to the Kingdom of Freedom〟）に目を転じて、マルクス自由論が孕む諸問題に照明をあてることにしたい。

A　マルクスにとっての自由（free）の意味

ヴァリツキは、先ず、マルクスの自由（free）の意味を詮索する。

「われわれが見ることが出来るように、free という言葉は、マルクスの用語法では、〈意識的に規制された〉との同義語および〈自然な natural〉（人間から独立に存在する、〈疎遠な〉を意味する）の反対であった。自由（Freedom）は、また合理性と結びついていたし、それゆえ偶然（Chance）の反対であった。自然発生的（spontanious）という言葉は、〈自由に結合した諸個人の全体的計画にしたがったものではない〉ことを意味しているし、またそれゆえ、自由ではなく、盲目的な自然的必然性との結びつきを呼び起こした。換言すれば、マルクスは、ここでフォイエルバッハによりも、ヘーゲルにはるかに近い。後者（ヘーゲル）と同様、彼（マルクス）は、彼の自由観念から〈自然的〉を排除しているし、人間的自由（Freedom）を合理的かつ意識的な活動――つまり、〈単なる自然的〉諸決定の克服――によって規定している[18]」と。

B　「類的存在」の自由の重視

ヴァリツキの解釈によれば、マルクスは、「真の自由」の実現、人間の解放＝共産主義革命は、

「類的存在」の視点を踏まえることなしには成功しないと考えていた。すなわち、「マルクスが経験的に存在する諸個人の運命に対しては、概ね無関心〈冷淡〉であったことは明らかである。彼は、階級、超個人的全体――付け加えれば、人類の普遍的解放をもたらす使命を求められていた階級――としての労働者たちの未来の解放のために、彼らの現在の世代を全く犠牲にする用意があった。労働者階級の解放は、彼の見解では、人類の解放と同義であった。それゆえ、彼は、普遍主義の大義にコミットしていたのであり、倫理的個人主義の大義にではなかった。彼は、決して〈社会の義務は、なかんずく、その生きた市民に対して向けられる〉(Dwarkin)という原則を受け入れなかったし、〈自分自身と他人をけっして単に手段とせず、いつも同時にそれ自身における目的として取り扱うべきであるという法則に服従している〉というカントの見解を受容することもなかった。逆に、マルクスは、諸個人を、全階級や国民と同様に、歴史の単なる手段として取り扱うことに、またこの道具的な態度を歴史的発展の最終結果の偉大さによって正当化することに、馴れていた。

人類の普遍的な集合的解放――それは、人類の類的性質に固有の優れた〈上位の〉能力の解放に等しい。換言すれば、共産主義社会の新しい、優れた人間は、今存在している人間よりも、彼の心に比較にならない程身近なものであった。ニーチェの区別を使えば、マルクスは、遠く離れたもの（Fernstenliebe）を熱烈に愛し、彼自身の隣人への愛（Naechstenliebe）の顕著な欠落を示したと言えよう。このプログラムに従った歴史哲学的「道具主義」は、ヘーゲルの歴史哲学に共通点を多く持っており、進歩の代償についての「感傷的な」関心に対する同じ軽蔑、「特殊な個人」や特殊な集団の運命は実際に問題ではないという同じ揺るぎない確信、を分有していた[19]」と。

したがって、マルクスは、「真の自由」は、「類的存在」としての人間によって、実現されると考えた。

「彼（マルクス）は〈真の自由〉を、個人的自由を前提とするものとして考えたが、他方、あくまで類を自由の主体と見なそうとした。言い換えると、彼は個人的自由よりも、むしろ、彼が考えたように、人間の類的本質に固有の優れた資質の〈解放〉のほうに関心があった。

彼の観点では、〈真の自由〉とは、〈類的存在〉としての人間の、あらゆる能力の妨げられることなき発展のことであった[20]」と。

C　マルクスの自由観：個人の自由への法的保護への軽視

マルクスの自由観が「社会諸関係を意識的な支配に服せしめる」ことは、第1節Bで述べた。

これに関連して、イギリスの思想史家兼政治学者J・グレイは、論文「マルクスの自由、個人の自由、疎外の終焉」（一九八六年）で、次のように論じている。

「マルクスの自由観は、経済的かつ社会的生活の合理的計画化による集合的自己統治を体現していた。マルクス的自由は、非人格的な社会諸法則や諸力による支配における自己の喪失としての疎外のもう一つの顔である。マルクス的疎外のなかで喪失された自己は、しかしながら、われわれを皆ユニークにするものではなくて、代わりにわれわれが皆人類の事例として共通に持っているものに過ぎない。マルクスが諸階級の廃止が社会的分裂や闘争を終焉させるだろうと想像することができるのは、人類から葛藤や多様性を消去しているが故にのみである[21]」と。そしてまた、次のようにも指摘している。

「個人的自由の法的保護への提供についての彼(マルクス)の無視には、別の、異なる源泉がある。すなわち、そのような保護は、彼が想定しているような自由の実践——社会生活の意識的、強力的な計画化——をただ危険にさらすか、制限するだけだった[22]」と。

現存社会主義における恐るべき抑圧的管理社会の根源は、マルクスの自由観に起因しているのである。

D　現在の世代が、将来の世代のために犠牲となるのを許容する

前節で述べた命題は、本節で述べる命題をすでに含んでいるが、より詳しく説明することにしよう。

以上に紹介してきたマルクスの自由観は、必ずしも多くの人々に理解されてこなかったが、ヴ

アリツキによれば、「マルクスの自由観のこの側面は、マルクス的ユートピアのプロメテウス的・ロマン主義的精神を最も深く見抜いていた思想家であったルカーチによって、完全に理解されていた(23)」という。

そして、ルカーチの『歴史と階級意識』から次の箇所を引用する。

「まず第一に確認されねばならないのは、ここでいう自由とは、個人の自由を意味しない、ということである。しかし、それは、発展した共産主義社会が個人の自由を少しも理解しないであろう、ということではない。むしろ、その反対である。発展した共産主義社会は、こうした自由の要求を実際に真剣に取り上げ、これを実現する、人類史上最初の社会となるであろう。しかしながら、この自由もまた、けっして今日ブルジョワ階級の理論家たちが考えているような自由ではないであろう。真実の自由の社会的な前提を戦い取るためには、そのなかでたんに現代の社会ばかりでなく、現代の社会から生み出された人種を滅ぼしてしまうような、戦闘がおこなわれねばならない(24)」と。

そしてルカーチは、マルクスの『フランスにおける階級闘争』から次の箇所を引用する。

「今日の世代は、モーゼが砂漠を越えて導いていった、ユダヤ人に似ている。それは、一つの新しい世界を獲得しなければならないばかりでなく、新しい世界に対処しうる人間に席をゆずるために、滅んでゆかなければならない(25)」。

さらにルカーチは、以下のように論じている。

「現代に生きる人間の〈自由〉は、すでに物象化され、しかも物象化するような財産によって、孤立化された個人の自由だからであり、また他の（同じように孤立化された）個人に対立している自由だからである。それは、利己主義の自由であり、自己閉鎖的な自由であり、また、それにとって、連帯と結合とかいうことは、せいぜい実効のない〈規制的な理念〉としてしか、問題にならないような自由である[26]」。

ここには、ロシア革命における戦時共産主義、スターリンによる大量虐殺、毛沢東の「文化大革命」、ポル・ポトの大虐殺など、社会主義政権下の「赤色テロ」の容認が、積極的に肯定されているのではなかろうか？

さらに、ルカーチは、次のように続けている。

「今日のブルジョワ社会における個人的自由は、非連帯的に他人の不自由を踏み台にしているために、すでに腐敗し、しかも他人を腐敗させるような、特権たりうるのみである、ということは、まさしく個人的自由の放棄を意味するものにほかならない。このことは、さらに、真実の自由を真実に生かそうと決意しており、今日、この自由へ向かって困難な、不確かな、模索的な第一歩を踏み出そうと真剣に考えているような、創意（Gesamtwille）に対して、意識的に服従することを意味する。この意識的な創意こそ、共産党なのである[27]」。

そしてヴァリツキは、「この最後の文句は、レーニン主義的革新――前衛党の概念――を指示している。しかし、引用された文章の残りは、マルクスの見解の卓越した要約である」として、「ルカーチがマルクスの自由の哲学と〈組織問題〉に対するレーニン主義的解決の間の密接な論理的間連を極めて明確に示していることは、ルカーチの名誉に帰せられる」としている。(28)

E　マルクス自由論は、全体主義的共産主義に帰結する

マルクスの自由観が「積極的自由」観であることは、第1節で明らかにした。そこで問題となるのは、「人間と自然との関係」はさておき、「個人と社会との関係においては、自由は、人間が社会的諸関係を意識的に形成すること、そしてそのことによって、疎外され物象化された社会的諸力の非人格的力から個人が解放されること」とされるのであるが、共産主義実現の指導的役割を担う前衛党が実際に国家権力を掌握した場合、前衛党が「社会的諸関係を意識的に形成」することになり、前衛党の方針に違ったり、違反した場合、それが容赦なく弾圧されるのは、必然であろう。ここから、マルクス主義的社会主義が、全体主義的共産主義に転換するのは、必然ではなかろうか？　この事態は、「社会主義の実験」が証明している。

ヴァリツキは、本書の序論で、次のように述べている。

「マルクス主義的自由観の共産主義的全体主義の理解に対する間連性は、後者（共産主義的全

体主義〉が前者〈マルクス主義的自由観〉を実現しようとする意識的な粘り強い努力の結果として実現したという歴史的事実から、由来する。ロシア革命は、共産主義の〈真の自由〉のために道を掃き清めるために、〈ブルジョワ的自由〉を抑圧した。全体主義は、この莫大な努力の副産物であった」と。[29]

そして、次のように敷衍している。

「全体主義という用語は、この文脈では、ただ単に政治的・市民的自由を民衆から剥奪するだけではなくて、彼らの心と良心を統制することを熱望しもする独裁を意味する。それは、受動的同調だけではなくて、絶えざる動員の状態のなかで、民衆を絶え間なくイデオロギー的圧力下に保ちつつ、積極的参加をもまた要求する。この理念型への最も密接な接近は、もちろん、ソビエトのスターリン主義であった。逆説的なことに、それは、自由のその抑圧を正当化するために、マルクス主義的な自由（意識的、合理的な統制としての自由）観を活用した。それは、意識的規制と中央集権化された計画化への依拠が〈鉄の規律〉と〈単一の意思〉という命令の垂直的な構造を前提としていたからであった。イデオロギー的統制への強調は、今度は、共産主義的解放は〈科学的社会主義〉を学ぶこととその指導を受け入れることを要求するというエンゲルス的見解によって、正当化された。〈唯一の正しい理論〉という魔法の万能性への信仰は、普遍的教化が集合的自由への最も確実な道であるという見解を強化した。〈真の科学的世界観〉というエンゲルスの主張は、イデオロギー制的専制への道を掃き清める解放の必要条件である。諸観念の自由な市場は、自由な諸商品市場と同様に、無慈悲に一掃されなければならなかった[30]」。

ロシア革命以後に誕生した社会主義体制が、全体主義社会であったことは、今では多くの人々によって認識され、受容されている。しかし、その現実が、マルクスの自由観と密接な関連があることまでは、知られているとは言えないであろう。その意味で、ヴァリツキの業績は、とりわけ重大であるのではなかろうか？

ヴァリツキは、マルクス以後のマルクス主義の展開を、本書の第四章で「レーニン主義：〈科学的社会主義〉から〈全体主義的共産主義〉へ」、さらに第五章で「全体主義的共産主義から共産主義的全体主義へ」として、レーニン主義およびスターリン主義を克明に分析している。

おわりに

マルクスは、『ゴータ綱領批判』のなかで次のように述べている。

「資本主義社会と共産主義社会のあいだには、前者から後者への革命的な転化の時期がある。この時期に照応してまた政治的上の過渡期がある。この時期の国家は、プロレタリアートの革命的独裁以外のなにものでもありえない[31]」。

マルクスの自由論は、「自由の国」を目ざしたはずであったのに、それに到達するのにははるかに遠く、全体主義的共産主義を帰結して、「社会主義の実験」は挫折したのであった。

そして、学問論上でも指摘されるべき論点がある。マルクスが最も長くかつ深く取り組んだのは、「経済学批判」であった。その点、マルクス政治学は、素描のまま終わってしまった。「プロレタリアート独裁」論は、あまりにも荒削りで、後世に禍根をのこしてしまった。さらに、多面的な「近代社会」を的確に把握するためには、一八八三年のマルクスの死後に登場してくるヴェーバー、デュルケム、ジンメルらの知見が、後の祭りながら摂取される必要があったのではなかろうか？

ヴァリツキは、次のような指摘をしている。すなわち、

「マルクスは、人間の〈全体性〉を破壊し、そして商品生産において、人間に疎外された実体――貨幣――の専制を押しつける、発達した資本主義社会における極端な人間的疎外の主要な原因は分業に根ざしていると信じていた。これらの原因の第一（分業）は、エミール・デュルケムによって彼の古典的な著作である『社会分業論』（一八九三）のなかで、扱われた。第二（貨幣）は、ジンメルによって『貨幣の哲学』（一九〇〇）のなかで、深く分析された。これらの思想家の双方とも、個人の自由の問題にはるかに敏感であることによって、マルクスとは違っていた。彼らの価値の評価におけるこの差異は、資本主義体制における人間の自由の宿命というマルクスの陰

惨な見解を根本的に掘り崩した結論に彼らを導いた」。そして、デュルケムは、「一定程度の疎外は、彼の眼には、個人的自由にとっての必然的代償であった[32]」と考えていた。

実際、完全無欠な社会など、現実に存在する筈がない。欠陥のある近代社会の諸制度を「国家の廃絶」、「市場の廃絶」、「賃金制度の廃絶」、「家族の廃絶」などと主張するマルクス主義は、完全に失効したと判定されたのである[33]。

われわれには、改良の積み重ねしか、残されていないのではなかろうか？

〈注〉

(1)　Eugene Kamenka, 〝The Ethical Foundations of Marxism〟, Routledge K P, 1962: 藤野渉・赤沢正敏訳、岩波書店、一九七〇年

(2)　翻訳は、川崎修訳「マルクスの自由・概念」（『思想』七〇五号：一九八三年三月）がある。本論文は、翌年に若干内容を変更して、Pelczenski and J.Gray(ed.), 〝Concepts of Liberty in Political Theory〟に再録され、飯島昇藏・千葉真訳者代表『自由論の系譜』（行人社：一九八七年）の中に、高晃公訳「マルクスの自由概念」として収録されている。

(3)　本書については、竹内啓氏による「書評論文」が、明治学院『国際学研究』第一九号（二〇〇〇年三月）に掲載されている。

(4)　川崎修訳：一三四頁

(5)　同：一三七頁

(6) 同：一三七頁
(7) マルクス『経済学・哲学草稿』岩波文庫、一三〇～一頁
(8) 川崎修訳：一三五頁
(9) 同：一三五～六頁
(10) マルクス・エンゲルス：花崎皋平訳『新版ドイツ・イデオロギー』合同出版、七二頁
(11) 川崎修訳：一三六頁
(12) 『マルクス・エンゲルス全集』大月書店、第二三巻A、一〇六頁
(13) 川崎修訳：一四一頁
(14) I・バーリン『自由論』みすず書房：三二〇頁
(15) 川崎修訳：一四二頁
(16) 『マルクス・エンゲルス全集』第一巻：「ユダヤ人問題によせて」四〇三頁
(17) 川崎修訳：一三四頁
(18) A.Walicki, 〝Marxism and the Leap to the Kingdom of Freedom〟,p.57
(19) Ibid, pp.15-6
(20) 高晃公訳：二九八頁
(21) John Gray, 〝Marxian Freedom,Individual Liberty,and the End of Alienation〟 Ellen Frankel Paul et.al., 〝Marxism and Liberalism〟 .Basil Blackwell,1986p.185.
(22) Ibid,p.186

(23) A.Walicki,(1995)：p.14
(24) 『ルカーチ著作集』第九巻：『歴史と階級意識』白水社、五一四頁
(25) 『マルクス・エンゲルス全集』第七巻、『フランスにおける階級闘争』七六〜七頁
(26) 『ルカーチ著作集』第九巻：『歴史と階級意識』五一四頁
(27) 同：五一四頁〜五頁
(28) A.Walicki,(1995)：p.14
(29) Ibid.：p.5
(30) Ibid.：p.7
(31) マルクス：望月清司訳『ゴータ綱領批判』岩波文庫、五三頁
(32) A.Walicki,(1995)：p.103
(33) 筆者は、このような視座から「マルクス主義総括の暫定的結論と今後の研究課題」という論文を『松山大学論集』第21巻第4号（二〇一〇年三月）に発表した。

マルクス・エコロジー・停止状態

武田信照

マルクスを本質的にエコロジーの思想家だとする評価が、今世紀に入って様々な形で浮上してきている。そうした見方がこれまでもなかったわけではないが、その動向に大きな役割を果たしたのは、J・B・フォスター（『マルクスのエコロジー』こぶし書房、二〇〇四年）であろう。そこではマルクスの自然観、歴史観を含む包括的な問題が取り上げられて、エコロジーの思想家としてのマルクス像が打ち出されている。そのフォスターを含めて、内外一〇名の研究者の共著（岩佐茂・佐々木隆治編『マルクスとエコロジー――資本主義批判としての物質代謝論』堀之内出版）が二〇一六年に刊行されたが、これもこの動向を象徴する事例であろう。

こうしたマルクス再評価にあたって、ほぼ共通して理論的基底に置かれているのは、彼の物質代謝論である。そこに注目し、それを敷衍して、エコロジーの思想家としてのマルクス像を描く作業が試みられているといってよい。それは先の共著に「物質代謝論」が、副題として掲げられていることにも表現されている。問題の一つは、こうして描かれたマルクス像と彼の実像との間に横たわる間隙の有無である。ここでは上記二著作でのマルクス像を念頭におき、それに言及しながら、マルクスの物質代謝論とそれに関連する諸問題をあらためて追跡することにしたい。あわせてそれをエコロジーに関連するJ・S・ミルの思想と対照することによって、この面でのマルクスの思想的問題点を再考することにする。

第1節　マルクスの物質代謝論

物質代謝とは別言すれば素材変換のことであるから、これには様々な形がある。生態系的食物連鎖のような人間が直接関わらない、人間社会以前からもあった自然的物質代謝がある。また一商品が他商品に変換される商品交換のような社会的物質代謝もある。人間が食物を摂取し、養分を吸収して血肉化し、残りを排泄するのも生理学的物質代謝といえる。岩佐のようにマルクスの物質代謝論としてこの生理学的物質代謝をあげる見方もあるが、しかしマルクスが主として言及しているのは、労働過程での人間と自然との間の物質代謝であるといってよい。労働生産物が摂取されるのであるから、それは生理学的物質代謝と関連はするが、しかし両者は位相を異にする。またここで焦点を当てる人間と自然との物質代謝は、広くいえば自然的物質代謝の内部にあり、それに依存していると同時に、それに影響を与えることにも注意が必要であろう。

マルクスは『資本論』の中で、「労働は、まず第一に人間と自然とのあいだの一過程である。この過程で人間は自分と自然との物質代謝を自分自身の行為によって媒介し、規制し、制御するのである。人間は、自然素材にたいして彼自身一つの自然力として相対する。彼は、自然素材を、彼自身の生活のために使用されうる形態で獲得するために、彼の肉体にそなわる自然力、腕や脚、頭や手を動かす。人間は、この運動によって自分の外の自然に働きかけてそれを変化させ」るという。ただこの労働過程での物質代謝は「人間生活の永久的な自然条件」であって、ここから無媒介に環境破壊・環境保護に関わるエコロジーの問題を説くことはできない。物質代謝とエコロジーとが接点をもつのは、この物質代謝が攪乱されて正常に機能できなくなり、持続性を失うような場合である。この点についてマルクスは次のようなケースを、『資本論』第一部と第三部で論じている。

「資本主義的生産は、それによって大中心地に集積される都市人口がますます優勢になるにつれて、一方では社会の歴史的動力を集積するが、他方では人間と土地とのあいだの物質代謝を攪乱する。すなわち、人間が食料や衣料の形で消費する土壌成分が土地に帰ることを、つまり土地の豊穣性の持続の永久的自然条件を、攪乱する。」

「大きな土地所有は、農業人口をますます低下していく最小限度まで減らし、これにたいして、大都市に密集する工業人口を絶えず大きくして行く。こうして大きな土地所有によって生みだされた諸条件は、生命の自然法則によって命じられた社会的物質代謝の関連のうちに回復できない裂け目を生じさせるのであって、そのために地力は乱費され、またこの乱費は商業をつうじて自国の境界をこえてはるかに遠く運び出されるのである。」

資本主義的生産の発展とともに、農業生産物が都市に運ばれ、消費された大量の廃棄物がそこで処理されるようになると、一方でそれは都市における環境問題をひき起こすと同時に、この廃棄物に含まれる養分が土地に帰ることができなくなる。このような物質代謝の攪乱が一時的ではなく恒常化すれば、土地の豊穣性は失われ、農業生産は大きなダメージを受けることになる。物質代謝の攪乱であり、その循環に生じる亀裂である。物質代謝の持続性よりも、目先の利潤の獲得に傾く資本主義的農業がひき起こす近代農業のこのようなあり方を略奪農業として批判し、化学肥料によって養分を補うことを主張したリービッヒについて、マルクスは「自然科学の立場からの近代農業の消極的側面は、リービッヒの不朽の功績の一つである」と評価する。

このリービッヒ評価には、『資本論』初版と第二版との間に若干の変化がある。初版では先の評価の後に「農業史に関する彼の歴史的概観も、粗雑な誤りがなくもないとはいえ、現代の経済学者の全文献よりも多くの光明を蔵している」という叙述が続く。しかし第二版では「現代の経済学者の全文献よりも多くの」という部分が削除され、評価を幾分トーンダウンさせてたんに「いくすじかの光明を蔵している」と変えられている。この変化については、何人もの言及があるが、それは次のような事情に起因すると思われる。マルクスは初版出版後の一八六八年三月二五日のエンゲルス宛の手紙で、次のようにいう。

「フラースの『時間における気候と植物界、両者の歴史』（一八四七年）は非常に面白い。というのは、歴史的な時間のなかで気候も植物も変化するということの論証としてだ。……彼は次のようなことを主張している。すなわち、耕作が進むにつれて、――その程度に応じて――農民によってあんなに愛好される「湿潤さ」が失われていって（したがってまた植物も南から北に移って）、最後に草原形成が現れるのである、ということである。耕作の最初の作用は有益だが、結局は森林伐採などによって荒廃させる、うんぬん、というわけだ。……彼の結論は、耕作は――もしそれが自然発生的に前進していって意識的に支配されないならば（この意識的な支配にはもちろん彼はブルジョアとして思い至らないのだが）――荒廃をあとに残す、ということだ。ペルシアやメソポタミアなど、そしてギリシアのように。したがってまたやはり無意識的に社会主義的傾向だ。」

フラースによって示された、農業の荒廃の原因についてのリービッヒとは別の見方にマルクスが共感を抱いていることが分かる。つまり耕地拡大のための森林伐採などが、農業に不可欠な気候の湿潤さを失わせ、農業の荒廃を招く要因になっているという見方である。またエンゲルス宛の別の手紙でマルクスはフラースの沖積理論にも言及している。沖積地には河水が養分を運搬して土地成分が補給されるが、自然による養分の補給は河水の利用でも実現できる。先の手紙で「農業について新しいものを、そして最新のものを、精密に調べる必要がある。自然学派は化学派と対立している。」と述べているが、ここでは自然学派はフラースであり、化学派はリービッヒであろう。略奪農業に関する「不朽の功績」というリービッヒへの評価は維持されている。ただこうした事情を知ることによって、マルクスに化学肥料に過度に依存する点への疑念が生じてきたものと推察できる。第二版におけるリービッヒ評価の若干の変更の背後の理由といってよい。

物質代謝の攪乱について、マルクスが農業以外で触れているのは森林＝林業の問題である。『資本論』第二部で「資本の回転」を論じながら、彼はキルホーフの「林地の獲得のために投じられた資本は、長い時間の後にはじめて引き合う収益をあげるのであり、一部分ずつ回転するだけであって、完全に回転するには木材の種類によっては一五〇年もの期間を必要とする」という叙述を引き、次のようにいう。

「長い生産期間（それは相対的に小さな労働期間しか含んでいない）、したがってまた長い回転期間は、造林を不利な私経営部門にし、したがってまた不利な資本主義的経営部門にする。たとえ個々の資本家に代わって連合した資本家が現れるとしても、資本主義的経営は本質的に私経営なのである。耕作および産業一般の発達は昔から森林の破壊に非常に活動的に現れてきたのであって、これに比べれば、耕作や産業が逆に森林の維持や生産のためにやってきたいっさいのことは、まったく消えてなくなるような大きさのものである」。

マルクスによれば、長い生産期間を要する林業は、収益をあげる上で不利な経営部門であり、それを背景にして森林破壊の問題が生起してくる。耕作のためのあるいは木材需要のための昔からの森林伐採によるその破壊が、一層容易に、また活発に行われることになったというのであろう。この指摘もまた資本主義的生産のもとで生じる物質代謝の攪乱の紹介といってよい。こうしたフラースを読む前からの問題意識が、先のエンゲル宛の手紙で示されたフラースへの共感につながっているのではないかと思われる。つまり耕地拡大のための森林伐採が気候変動を招き、湿潤さが失われて土地が乾燥し、結局ペルシャ、メソポタミア、ギリシャ等の砂漠化を招来したというあの指摘についての共感である。

ただこの森林問題については、マルクス自身に微妙な点が残っている。彼は『資本論』の「いわゆる原始的蓄積」を論じた個所でスコットランドの事例に触れているが、そこでは土地が牧羊場に変えられて人が追い出され、その後牧羊場が狩猟場に再転化された事情を、様々な文献で紹介している。初版での文献に第二版ではさらに「追補」が行われている。それによると、牧羊場のかわりに鹿猟林に変わって森林が非常に拡大し、この広大な森林には狐、山猫、いたち、貂等の野生動物が棲息しているが、最近では家兎、リスなどもはいりこんできているという。それを、土地が耕作からも改良からもまったく閉め出されているとか、狩猟道楽のために荒れるにまかされているとか、生産源としての土地が受ける損失が膨大であるとか、このような狩猟地はまったく不生産的であるとかの追補資料上の指摘を、コメントなしにいわば肯定的に紹介している。狩猟道楽が森林の再生と棲息動物の多様化につながるというのは、歴史の皮肉というべきであろうが、この文脈ではマルクスは、土地は略奪農業的でないことは当然としても、やはり耕地として生産的に活用されるべきという立場であって、森林の復活を肯定的に評価しているとはいえないであろう。彼は『共産党宣言』のなかで、資本による「数大陸全体の開墾」に積極的意義を認めているが、フラースを読んだ後の第二版でも、そうした発想となお無縁ではなかったことを、上記の追補は示してはいないであろうか。マルクスは『共産党宣言』的立場に止まってはいなかったという評価がある。しかし見られるように、彼には森林問題についていわばアンビハレントな面があり、そうした断定には慎重であるべきではないであろうか。

マルクスが物質代謝の攪乱として挙げる事例は、農業と森林の問題にほぼ尽きている。彼は労働の生産性と自然条件の関係を論じた個所で、季節の影響の他、森林や炭坑や鉄鉱山の枯渇の問題に簡単に触れている。この個所を資源枯渇の問題を論じたものとして、エコロジーの思想家・マルクスの側面から評価する見方もある。しかし、自然条件が一方で生産性を増大させるが他方でそれを低下させること、いろいろな部面で反対の、こちらでは進歩があちらでは退歩が起きるということ、いいかえれば一方では資源開発が他方ではその枯渇がおきるということを説く事例としてあげられているのであって、資源枯渇問題一般を論じているのではない。森林問題についてもそうであるが、ここでもこうした評価とマルクスの実像との間には間隙があるように思われる。この種の、マルクスを過度にエコロジーの思想に引きつけて解釈する他の一例として、最晩年に彼がロシア共同体と社会主義の関係を問うザスーリッチの手紙への回答の下書きの中で、ロシア共同体を含む諸共同体が「自然の生命力」を保存していると書いている点について、フォルグラーフや斉藤はそれを自然の地力の保存の意味と解して、「注目に値する新たな光」と評価していることをあげておく。しかしそれはマウラーを参照しながら書かれた、変形されながらも諸共同体の中に「原古的な型」が保存されていることの指摘以外ではない。

第2節　エコロジーの思想家・マルクス？

人間と自然との物質代謝は、別言すれば人間の生産活動のことであるから、これがエコロジーの問題と深く関わることは当然といえる。人間は生産活動を通して自然を加工し、人間生活に必要な生産物をつくり出す。それは必然的に多かれ少なかれ自然を変容させる。先述の土地の豊穣性の変化もその一つであり、資源の枯渇の問題もここに含まれる。また生産活動の過程で副次的に生じる、廃棄物・廃熱・排ガス等が環境問題に深刻な影響を与えていることはいうまでもない。したがって物質代謝の問題を、その持続可能性の観点から、エコロジー的考察の基底におくことは妥当であるといってよい。それはきわめて広い射程を持っている。フォスターが「ここ一五年間、エコロジーの研究者は、物質代謝の亀裂に関するマルクスの分析がもつ理論的視座を応用し、多様で幅広い分野において展開する資本主義的矛盾を分析してきた」といい、採り上げられてきた諸問題――気候変動のような地球規模の、あるいは漁場の収奪といった個別分野の――を列挙している。

しかしこれらの研究は、文字どおりマルクスが略奪農業を批判的に考察する際の理論的視座の、いわば「応用」であって、マルクス自身がこの理論的視座からエコロジーの問題に体系的に取り組んだというわけではない。むしろの農業・林業といった特定分野ではない物質代謝＝生産活動一般の問題をエコロジーと関連づけて論じる上で、マルクスの思想自体に一つの問題が伏在していたように思われる。それはエコロジーの思想家としてマルクスを描こうとする研究者が、軽視する傾きのある見地、ことに晩期では否定的になったとする見地である。つまりそれは生産力の発展＝経済成長を、「資本の偉大な文明化作用」として肯定的に評価したり、あるいは共産主義の下でのその一層の増進を説くマルクスの見地である。この点は重要な争点なので、ポイントとなる発言を時系列的に取り上げておく。

「ブルジョワジーは、その一〇〇年たらずの階級支配のあいだに、過去の全世代をあわせたよりもいっそう大量的で、いっそう巨大な生産諸力をつくりだした。自然力の征服、機械、工業や農業への化学の応用、汽船航海、鉄道、電信、数大陸全体の開墾、河川の運河化、地から湧いてでたような全住民群、——これほどの生産諸力が社会的労働の胎内に眠っていようとは、これまでのどの世紀が予想したであろうか。」（『共産党宣言』）

「いろいろな物の新しい有用な特質を発見するために全自然を探査すること、あらゆる余所の風土と国々の生産物を全面的に交換すること、自然対象を（人工的に）加工し、それによって、それらに新しい使用価値をあたえること、地球上のあらゆる方面を探検して、新しい有用な対象を発見するとともに、またもとからの対象の新しい使用性質を発見し、またその原料等としての新しい特質を発見すること、したがって自然科学をその極点まで発展させること。同様に、社会自体から生れる新しい欲望の発見、創造、充足。社会的な人間のあらゆる性質の陶冶と、できるだけ豊かな欲望をもつものとしてのそうした人間の生産。……これは労働の種類と生産の種類がたえず拡大し包括的となっていく体系の発展でもあって、これらの労働と生産の種類には、たえず拡大し豊かになっていく欲望の体系が対応している。」（『経済学批判要綱』）

「未開人は、自分の欲望を充たすために、自分の生活を維持し再生産するために、自然と格闘しなければならないが、同じように文明人もそうしなければならないのであり、しかもどんな社会形態のなかでも、考えられるかぎりのどんな生産様式のもとでも、そうしなければならないのである。彼の発展につれて、この自然必然性の国は拡大される。というのは、欲望が拡大されるからである。しかしまた同時に、この欲望を充たす生産力も拡大される」（『資本論』第三部）。

「共産主義のより高度の段階で、すなわち個人が分業に奴隷的に従属することがなくなり、それとともに精神労働と肉体労働との対立がなくなったのち、労働がたんに生活のための手段であるだけでなく、労働そのものが第一の生命欲求となったのち、個人の全面的な発展にともなって、またその生産力も増大し、協同組合的富のあらゆる泉がいっそうゆたかに湧きでるようになったのち、――そのときはじめてブルジョア的権利の狭い限界を完全にふみこえることができ、社会はその旗の上にこう書くことができる――各人はその能力に応じて、各人はその必要に応じて！」（「ゴータ綱領批判」）。

マルクスの生涯を一貫しているのは、社会発展を欲望の多様化とその拡大、それに対応する生産分野の多様化と生産力の拡大として見る見地であることが分かる。多分野にわたる富の生産の継続的拡大の見地である。これは「偉大な」という形容が含意する「資本の文明化作用」の肯定的評価についてはもちろん、彼が共産主義社会を論じる場合でも変わらない。バーケットは、マルクスとエンゲルスは共産主義を「欲求そのものによってのみ制限される欲求の標準的充足を可能にする生産と消費の組織」として描いてはいるが、彼らの人間的発展というビジョンを見れば、産業的処理を要求する欲求の無制限な充足を考えていたわけではないとしてこの見地のもつ意味をトーンダウンさせて解釈しているが、共産主義を必要に応じた分配が可能となるほどの、「協同組合的富のあらゆる泉がいっそう豊かに湧きでるようになった」社会として把握する見地を見れば多分に疑問であろう。

問題はこの生産の継続的拡大の見地とエコロジーとの関係である。マルクスの思想をエコロジーの思想ととらえる人の多くが採り上げるのが、先の『資本論』第三部で論じられた必然性の国の最後に置かれている文言である。そこでは「自由はこの領域のなかでは次のことにありうるだけである。すなわち、社会化された人間、アソシエートされた生産者たちが、盲目的力によって支配されるように自分たちと自然との物質代謝によって支配されることをやめて、この物質代謝を合理的に規制し自分たちの共同的統制もとにおく」ことだといわれている。この「合理的な規制」という文言に、生産分野における物質代謝の攪乱一般を防ぐという含意が込められているとみられているわけである。「合理的な規制」という文言は抽象的であって、様々な含意を込めさせることができる。とはいえ、明言されているのは、協業と生産手段の共有を基礎として、市場の盲目的力に支配される生産のあり方に「合理的な規制」をかけることであって、この文言をもって、マルクスがエコージーの思想家であることを論証する決め手とはなりえないであろう。もし彼がここで、農業や林業といった特定分野を越えて、物質代謝の攪乱一般に触れているとすれば、エコロジーの思想を体系的に論じることも可能となった筈であるが、そうでないことはフォスターやフォルグラーフをはじめ誰しも認めている。

二つのことに留意しておきたい。生産の拡大は、いうまでもなく投入と産出の間に差異＝剰余が生れ、それが元本として再生産に投じられることによって可能になる。資本主義の下ではその差異＝剰余は利潤という形態をとる。この利潤の最大化をめざす資本の運動は、利潤の獲得に直接役立たないものは省き、役立つものは利用しつくし、物質代謝の持続性には配慮を欠くという強い傾向を持っている。その点がエコロジーを物質代謝論を基軸に考察する場合の批判的視点となっている。先の共著の副題が「資本主義批判としての物質代謝論」となっているのも、そこに理由がある。しかし資本主義下での利潤至上主義的傾向がエコロジー問題を生じさせやすいということを認めたとしても、この問題は資本主義に固有というわけではない。

どんな社会であれ、生産の拡大＝経済成長を目指す限り、投入と産出の差異＝剰余の獲得は必須である。この剰余の獲得、しかもより多くの剰余の獲得は、この目標のためには強い動機となる。そこに資本主義の場合と類似の物質代謝の攪乱が生じる可能性がある。たとえば、旧ソ連や現中国のように「社会主義」を標榜する国々でも、環境問題は多発している。端的な一例を挙げれば、旧ソ連では綿花生産の拡大のために、現中国では食用作物栽培の拡大のために、灌漑用水として大量の水を汲み上げて湖水を枯渇させ、かえって農業に深刻な打撃を与えている。前者はアラル海であり、後者はチャガンノール湖である。これらの国々が真に「社会主義」の名に値する社会であるかどうかは、いまは問わない。しかし資本主義とは異なる道を模索しても、生産力の発展を至上の、あるいは重要な目標とする限り、物質代謝上の危険は常に伏在している。ことは資本主義を批判するだけではすまない。

もう一つの問題は、以上の点と関連している。つまり経済成長の限界の問題である。いま地球には、人間と自然との関係の「大亀裂」ともいわれる状況が生じている。よく知られているように、それは気候変動、海洋酸性化、生物多様性の喪失、資源の枯渇、表土の喪失、水源の喪失等々であって、これらはフォスターのいう「地球システムの境界を越える」ような諸問題である。これらが生産の拡大=経済成長と深く関連していることは疑う余地がない。今後もなお生産の拡大=経済成長を追い求めるならば、一体どんな状況を招くことになるのか。高度成長ではなくたとえ二%という率であっても、「複利的成長」が続けば、人類史ではごく短かい二〇〇年後には、経済規模は五二倍に膨れ上がる。そうなるはるか以前であっても、地球が人類の居住できる環境を維持できないことは明らかであろう。鉱物資源、エネルギー資源の問題だけをとっても、その「可採年数」は数十年程度のものが少なくない。経済成長の当否そのものが、いま深刻に問われている。

先に摘記したマルクスの文言から明らかなように、彼に経済成長の限度を説く視角はない。それを彼に要求するのは、時代状況からいって無理難題だといわれるかもしれない。しかしマルクスと同時代人であって、このような問題意識を鮮明にしていた人物がいた。J・S・ミルである。それは彼の経済学上の主著『経済学原理』の停止状態＝定常状態論を見ればわかる。実はマルクスはロンドンで経済学研究を始めた頃から、これを主要な研究対象の一つとしていた。この著書は当時圧倒的評価を得ていたから、これは当然でもあった。彼はこの著書を検討して、過剰批判ともいえる側面をも含んで様々な辛辣な批判を加えている。ミル・マルクス関係全体については、拙著『ミル・マルクス・現代』（ロゴス）にゆずるが、ここで指摘しておきたいのは、彼がこの停止状態論については、賛否はもちろん、まったく触れるところがない点である。生産力の発展を社会発展の基軸に置くマルクスにとって、この問題は関心を抱く余地のないものであったかもしれない。それはエコージーの思想家・マルクスという評価の当否とも無関係とはいえない。

第3節　ミル停止状態論――マルクスとの対照

ミル停止状態論については以下、前掲拙著をほぼ踏襲する。彼が停止状態を論じる前提は、資本の利潤率の低下傾向である。彼は資本の増加、人口の増加、生産の改良という三要因が様々に組み合わされ五つのケースを想定して、諸階級への生産物の分配に及ぼすその影響を分析している。この分析結果を要約して、彼は「地主、資本家、労働者の三者からなる社会の経済的進歩は、地主階級の漸進的富裕化の方向に向かっている。そして労働者の生活資料の費用は大体において増大する傾向をもち、利潤は下落する傾きをもつ」という。分析の要になっているのは、農地および鉱物資源、ことに前者の有限性である。こうした利潤率の低下傾向に抵抗する反作用的事情として、彼は恐慌期における資本破壊、貨幣賃金の低下を可能にする生産上の改良、安価な必需品や低廉化を可能にする生産手段の輸入、利潤率の低下圧力となる蓄積資本を減少させる資本輸出の四つを挙げる。この中で、彼がことに重視しているのが、安価な食糧や原料の輸入と資本輸出である。外国貿易と資本輸出が、利潤率の低下傾向＝停止状態への接近に歯止めをかける役割を与えられているのである。これによって利潤率の低下傾向は相当の期間阻止されうるとみられているのであるが、しかしこれにも限度があり、富裕な国の内部では停止状態へ接近する圧力がかかり続けていて「停止状態を最終的に避けることは不可能である」と考えられている。

この分析の中うち、リカードとともに重視されている肥沃な農地の減少による農業生産力の低下の問題には留保が必要であろう。『原理』以後、土壌化学、灌漑技術、機械化やそれを背景にした農地の拡大などに伴って、農業革命とも称すべき農業生産力の増大が一度ならず生じているからである。だがそれも現在では限度に近づいており、ランドラッシュといわれる国際的な農地争奪戦が始まっている。一方利潤率の低下圧力の要因となる資本過剰は、資本輸出や恐慌、戦争などによる資本破壊によって処理されてきたが、歴史の推移を見れば彼の言うように利潤低下圧力は絶えずかかり続けていて、今日では先進諸国では異常ともいえる低金利に象徴されるような低成長が体質化している。ここではこれらの問題には立ち入らず次の点を確認するに留める。

ミルによれば「富の増加が無際限のものではない」ということ、「終点には停止状態が存在する」ということは、経済学者たちにより「ともかく必ずいつの場合にも認められてきた」のであった。地球上の経済資源が有限であり、経済活動を許容できる自然環境にも限度がある以上当然ともいえる。問題はこうした停止状態がいつくるのか、またそうした状態をどう見るのかということであろう。前者は今日では文明崩壊の危機についての「ローマ・クラブ」の度重なる警告が示しているように、ミルの時代とは比較にならない深刻な状況になっているが、ここでは先ず後者についてのミルの見方を検討しておきたい。

多くの人にとって、停止状態がはなはだ愉快でない見通しであることは、昔でも今日でも変わらない。しかしミルは停止状態を嫌悪の情をもって見ることをしない。むしろ現状よりも大きな改善になるものと考えている。彼は自らの経済的地位の改善に苦闘することこそ正常状態で、そのために人を踏みつけ、押し倒すことが人類の運命であるという考えには「魅力を感じない」という。それは文明進化の一段階ではあっても、社会の完成した姿ではない。彼にとって最善の状態とは、誰も貧しくなく、そのためにもっと富裕になりたいとは思わず、また他人の抜け駆けを恐れる必要のない状態である。後進国では富の増加が目的となるとしても、進歩した国々に必要なのは「よき分配」と「厳重な人口の制限」であるというのがミルの見方である。

「よき分配」は、一方における個々人の節倹と勤労に応じた果実の取得と他方における財産の平等を促進する立法（贈与・相続による取得金額の制限）とが共同で作用することで実現する。労働者層の給与は高くなり、個々人自らが獲得できたもの以外に莫大な財産はないが、荒々しい労苦を免れて心身ともに余裕をもって人生の美質を探求できる社会になる。「人口の制限」については、技術の進歩と資本の増加が続けば、その一大増加を容れる余地はあるにしても望ましいことではない。協業と社会的接触に必要な人口の密度は、人口周密な国々では達成されている。地球が人口を養うために開発されつくして、「自然の自発的活動」の余地が残されていない世界は、人に満足を与えない。ミルは強調する、地球から自然が与える楽しさをことごとく取り除くとすれば、「私は後世の人々のために切望する、彼らが必要に強いられて停止状態に入るはるかまえに、自ら好んで停止状態に入ることを」と。

最後にミルは、経済の停止状態が人間的進歩の停止を意味するものではないことを確認する。そこでもあらゆる精神的文化や道徳進歩の余地がある。むしろそこでこそ、文化的、道徳的進歩がこれまで以上に大きな目的となる。産業上の技術改善の余地もこれまでと変わらない。その改善は富の増加という目的のみに奉仕することを止めて、労働の節約という本来の効果を生むようになる。

以上のようなミルの見解のうち、重要と思われる三点を指摘しておこう。一つは諸資源の限界性の指摘である。食糧と貨幣賃金の騰貴をひき起こし、利潤率を低下させる要因として論じられていたのは肥沃な土地の減少であった。また鉱物資源についても、それが再生されない原料に依存しているために、石炭や大部分の金属は全部か一部分が枯渇していく。彼は富裕な国々でのこうした限界性は、外国貿易や植民地獲得によって当面は切り抜けられると考えているが、しかしこの指摘は世界規模で進む今日の資源の有限性の問題を先取りしたものといえる。

二つは経済的目的から行われる「自然破壊」への厳しい批判である。増加する人口を養うために「自然の自発的活動」の余地が残されていない状況を想定しながら、ミルは言う、「人間のための食糧を栽培しうる土地は一段歩も捨てずに耕作されており、花咲く未耕地や天然の牧場はすべてすき起こされ、人間が使用するために飼われている鳥や獣以外のそれは人間と食糧を争う敵として根絶され、生け垣や余分の樹木はすべて引き抜かれ、野生の灌木や野の花が農業改良の名において雑草として根絶される……このような世界を想像することは、決して大きな満足を与えるものではない」と。だからこそ彼は切望する、こうした状態に陥る前に「自ら好んで停止状態に入ることを」と。自然が人間に与える喜びという観点から、今日では「生態系サービス」と呼ばれる手をつけない自然の貴重さがますます強調されているが、ミルの「自然の自発的活動」の意義の重視は、自生的な生態系や生物多様性の維持を眼目とする今日の自然保護思想の先駆といってよい。

三つは人間社会にとっての精神的、文化的、道徳的進歩の意義の強調である。彼はひたすら自分の経済的地位の改善を求め、そのために人を踏みつけにすることも厭わない社会状況を正常とはみない。それは文明進歩の途上における過渡的一段階にすぎない。精神的、文化的、道徳的進歩こそ文明進歩の核心であり、それはやみくもな経済成長の転換が行われる停止状態においてこそより強まると見られている。今日焦眉の課題となっている経済至上主義から訣別する文明観の転換の要請が、早々と表明されている。

早い段階から、現代経済の成長至上主義からの脱却を説き、広く影響を与えたのはローマ・クラブの「人類の危機」レポート『成長の限界』であった。私なりに論点を整理すれば、①各種資源の有限な状況、②廃棄物等による自然環境の破壊、の深刻化が指摘されると同時に、経済成長が「人類の危機」を招来させつつある状況が転換させられた後の新たな社会のあり方として、③均衡状態の世界の実現が提唱されている。その際ミルの停止状態論が肯定的に引用されている。ミルの議論では時代状況を反映して、石炭を除くエネルギー資源や廃物・廃熱・核廃棄物などの問題が取り上げられていないが、資源の有限性、自然環境、停止状態という三つの論点自体は重なりあっていて、彼の先見性をあらためて確認できよう。上記レポートを提出したグループは、その後もデータの検証を続けて、第二、第三の報告書を出しているが、そこでは事態は一層深刻化し、地球崩壊の予兆さえうかがえることが指摘されている。

ミルの停止状態論に関わる上記三論点をマルクスの見地と対照すれば、相違は自ずから浮かび上がる。資源の有限性については、マルクスは森林や炭坑や鉄鉱山の枯渇に触れている部分はあるが、それは自然条件が生産性をいろいろな部面で増減させる――あちらでは進歩がこちらでは退歩が生じる――事例として挙げているのであって、物質代謝の攪乱要因としての資源問題を正面から採り上げているわけではない。両者の相違が顕著なのは、「自然の自発的活動」の評価である。これは人間と自然との物質代謝の外にある問題であるが、マルクスには自然を手つかずのままにしておくことへの積極的言及はない。というよりフォスターもいうように、彼はむしろ食糧供給ができない「未開地の保存」に否定的であったといってよい。停止状態の評価についても同様である。ミルがいう経済的改善をもとめて争い合う社会を否定し、人間的成長が可能となる社会を構想していた点ではマルクスも同様であるが、しかしそれは生産力が増大し、富の「あらゆる泉がいっそう豊かに湧きでる」ような状況を前提してであった。どちらがより深い「エコロジーの思想」家というべきであろうか。

おわりに

簡単に総括をしておこう。マルクスは、資本主義農業の略奪的性格をリービッヒにならって指摘しているが、その際基底に置かれたのは人間と自然との物質代謝の攪乱という視点であった。エコロジー問題を考察する際、物質代謝の持続性を要とすることは非常に有効であって、実際この視座は幅広い分野で応用されてきている。しかしマルクス自身がこの視座から――その外にある手つかずの自然の保護を含めて――エコロジー論を体系的な一貫性をもって展開したわけではなかった。彼の思想的本質がエコロジーの思想だと強調される場合も、これは否定されていない。

それは社会発展を、欲望の多様化とその拡大、それに対応する生産力の絶えざる増大として捉えるマルクスの見地と無関係ではない。生産は自然の改変を伴い、自然に思わぬ作用を与える可能性をもつが、生産力の拡大は環境に悪影響を与える可能性を高めると同時に、拡大のための元本となる剰余の獲得が優先されて、物質代謝の持続性への関心が希薄となる傾向を強めやすい。環境問題が深刻化している今日では、ことに成長至上主義からの脱却が焦眉の課題となっているが、そこにミル停止状態論の今日的意義がある。

マルクスの思想のもつエコロジー的側面を取り出そうとする場合、指摘してきたように彼の文言を過度にエコロジーの思想に近づけて解釈しようとする傾向が生れやすい。それは彼をその思想的実像から乖離させ、かえってその試みの評価への疑問視を生み、批判の対象であった、彼をプロメテゥス的生産力主義だと見る立場に反批判の余地を与えることにもなりかねない。

マルクスの歴史的意義と根本的限界

村岡　到

第1節　マルクスの継承すべき業績

マルクス生誕二〇〇年。なぜマルクスが好事家の趣味としてではなく記念されるのだろうか。マルクスは後世に何を残したのか。誰もが一八六七年に刊行された『資本論』を上げるに違いない。マルクスは、近代社会の経済の仕組みを、賃労働と資本との対立に基軸を置き、利潤を生産の動機・目的として実現するものであり、そこには価値法則が貫徹されている、と明らかにした。マルクスは、資本制経済の基本的構造を生産手段との関りを軸として労働者と資本家との「生産関係」として明確にした。この核心は、今日なお有効である（この点でのJ・S・ミルとの関係については、武田信照氏が近著『ミル・マルクス・現代』で明らかにした[1]）。

そうであるがゆえに、ソ連邦崩壊後の一九九九年にイギリスのBBC放送で「過去千年でもっとも偉大な思想家」としてマルクスが断トツで一位だった。このことは、不破哲三氏も『マルクスは生きている』の冒頭で指摘していた[2]。最近の例を上げれば、イギリスのジャーナリスト＝ポール・メイソンは『ポストキャピタリズム』で、労働価値説などマルクスの理論を援用して、「ポスト資本主義」が必然的に到来すると説いている[3]。

もう一つ、マルクスの理論には大きな特徴があった。マルクスは資本制経済の基本的構造を明らかにしただけではなく、資本制経済の終焉を強調し、社会主義の到来を展望した。そこにこそ、マルクスが各国の労働者の運動に強烈な影響を与えた核心があった。マルクスは『資本論』第一巻の結論部分で、周知の印象的な一句を発した。「収奪者が収奪される。弔鐘が鳴る」と（第4節で後述）。この先走った警句は、マルクスが『経済学批判序言』「定式」に書いた「唯物史観」に導かれたもので、「唯物史観」もまた、マルクスの業績として高く評価されてきた。エンゲルスは、一八八〇年に刊行した『空想から科学への社会主義の発展』で、「この二つの偉大な発見、すなわち唯物史観と剰余価値による資本主義的生産の秘密の暴露とは、われわれがマルクスに負うところのものである。これらの発見によって、社会主義は一つの科学になった[4]」とまで絶賛した。

「唯物史観」の要点は、先の「定式」に示されている。マルクスは、「人間は、物質的生産諸力の一定の発展段階に対応する生産諸関係を受容する」とか、「経済的基礎の変化とともに、巨大な上部構造全体が、あるいは徐々に、あるいは急激にくつがえる」と説き、「生産諸力と生産諸関係との矛盾」や「人類前史は終わる」と書いた。経済と政治の相互の作用をどう捉えるべきかについては多くの論議が重ねられた。法学者の尾高朝雄はマルクス主義者ではないが、唯物史観を「社会の動態観の上に革新的な転換をもたらした[5]」と高く評価した。私は、二〇〇〇年に『唯物史観』の根本的検討[6]」で詳しく検討し、唯物史観を越える〈複合史観〉が必要だと提起した。

さらにもう一点、マルクスは自説を母国ドイツ一国の枠を超えて、世界的スケールで構想し主張し実践した。マルクスは、一八六四年にロンドンで結成された、世界最初の国際的な労働者組織である「国際労働者協会」を主導し、その創立宣言と規約を書いた。一八四八年に発せられた『共産党宣言』の結びの著名な一句「万国のプロレタリア団結せよ」に高く掲げられているように、国際的な広がりをもって浸透した。一九九一年のソ連邦の崩壊までは、一七年にレーニンに主導されて勝利したロシア革命が、マルクスの理論の正しさの現れ（証明）として、左翼の中では党派的立場の違いをこえて広く受容され、宣伝されてきた。

第2節　マルクスの貴重なヒント

次節以降はマルクスの欠点を明らかにすることになるので、その前にマルクスの叙述のなかで、きわめて重要と考えられる記述をピックアップする。マルクスの膨大な著作や文献を読破することなど出来るはずはないが、私のわずかな読書で強く記憶に残る三つの文章だけである。

Ａ「共同の生産手段を用いて労働し、協議した計画にしたがって多くの個別的労働力を同一の社会的労働力として支出するような、自由な人々の集まりを描くことにしよう[7]」。

Ｂ「諸個人の全面的な発展につれてかれらの生産諸力も成長し、協同組合的な富がそのすべての泉から溢れるばかりに湧きでる[8]」。

Ｃ1「そこ〔共産主義社会〕では現在の国家機能に似たどんな社会的機能が生き残るだろうか？」。（傍点はいずれも村岡）

Ａは、一八七五年に刊行された『資本論』フランス語版からで、マルクス自身が書き上げた。ＢとＣ1は『ゴータ綱領批判』からである。『ゴータ綱領批判』は、マルクスがＡと同じ一八七五年に、「ドイツ社会主義労働者党」がゴータで開催する大会で決定する予定の「綱領草案」に対して私信として執筆した「手稿」で、正式には「ドイツ労働者党綱領評注」である。望月清司の「訳者解説」によれば、「マルクスが抱懐してきた共産主義の未来像とそれへいたる道を、あるていどまとまった形で表明した、ほとんど唯一の文書である」。

これらの三点はいずれもほとんど注目されることもなく、見過ごされている。だが、それらにはマルクスの塾慮が表現されていると、私は考える。以下、簡単に説明する。

まずＡについて。これは、『資本論』冒頭の「第一章・商品」の「第四節・商品の物神性とその秘密」

での記述である。この部分の原版（ドイツ語）では「共同的生産手段で労働し自分たちの多くの個人的労働力を自覚的に一つの社会的労働力として支出する自由な人々の連合体」となっていた。[9]つまり、マルクスは「自覚的に」を「協議した計画にしたがって」に書き換えたのである。

私は、このことに気づき、一九九七年に「『計画経済』の設定は誤り」を書き、さらに翌年に「〈協議経済〉の構想」で〈協議経済〉と創語した。[10]この二つの論文の要点を再述する。

一九一七年のロシア革命の勝利の後、二年後に誕生したワイマール共和国の大蔵大臣ヴィセルと次官のメレンドルフが書いた報告書のなかで「計画経済」を使った。以後、「計画経済」が流布されることになる。それまでは、社会主義は経済の「社会化」とか「計画化」とイメージされていた。マルクスは「計画経済」とは一度も書いていない（実はレーニンも使っていない）。

「馬」と「白い馬」とが異なるように、「計画」と「協議した計画」とは異なる。国王や官僚のトップが上意下達で命じる「指令」も「計画」と呼んでもよいだろうが、それらを「協議した計画」に含めることはできない。ソ連邦の「計画経済」は実は「指令経済」だったのである。[11]

マルクスがフランス語版で書き換えた時にどこまで意識していたかは、今となっては問いただすことはできないが、重要な示唆を読み取ることは出来たはずである。だが、フランス人は別として、フランス語版はソ連邦で出版されたのが一九七三年であり、普通はドイツ語版の翻訳を読む。フランス語版は、日本では一九七九年に、江夏美千穂と上杉聡彦によって訳出された。そのせいもあって、マルクスが書き直した「協議した計画」は見落とされることになった。言うまでもなく、二つの版を読み比べないと違いは分からない。

次に、Bについて。この一句も周知であるが、ほとんどの場合に「協同組合的な」（ゲノッセンシャフトリッヒ）という形容句は無視されて、「溢れ出る富」として流布されている。望月の注によれば、「マルクスが……『ゲノッセンシャフト』という外国語に訳しにくい固有のドイツ語を用いているのはここだけである。……他の著作ではおもに『アソツィアツィオン』（英語なら「アソシエーション」）が用いられる[12]」。

これまた、マルクスの真意は推測する以外にないが、単に「富が溢れる」とは書かずに、「協同組合的な」と形容句を付したところに、マルクスの思慮深さを読み取ることが出来る。確かにマルクスには生産力の発展を過剰に強調する傾向があったので、無視されたのであろうが、この形容句にこだわるなら、その生産力主義的傾向にブレーキを掛けることが出来たであろう。

だが、この一句の冒頭の「諸個人の全面的な発展」については問題含みである。これだけならまだ許容されるだろうが、「万人は平等」と合わせて考えると、論理的には「人間の個性」が消滅することになる。クラスの全員が全科目で一〇〇点を取れば、順位（個性）は付けられない。私のこの指摘については、森岡真史氏が拙著『ソ連邦の崩壊と社会主義』への書評で「きわめて鋭い指摘である[13]」と評した。他方、近年、日本共産党の志位和夫委員長は「『すべての人間の自由で全面的な発展』――これが未来社会の一番の特徴」だと強調している(14)。

最後にC1。この点を熟慮していれば、後年にレーニンが『国家と革命』で陥ったように「国家の死滅」などと先走って願望するのではなく、資本主義社会を克服した後の社会での政治制度について、経験を基礎にして慎重に考えることになったはずである。

だが、この点については、マルクスは後年の読者を誤導する記述を加えている。

C2「この問題に答えうるのはただ科学的研究あるのみであって、人民ということばと国家ということばを千度も組み合わせてみたところで、蚤の一跳ねほども問題に近づけるわけではない。……この過渡期の国家は、プロレタリアートの革命的独裁以外のなにものでもありえない」。

原文に傍点がある「プロレタリアートの革命的独裁」については後述するが、「ただ科学的研究あるのみ」と書いている点については、彼が批判対象に浴びせた流儀を真似れば、それでは足りない。「ただ歴史の経験と科学的研究」とすべきであった。

以上三つの例だけを示したが、このように、慎重に読み、考えれば貴重な認識に到達できたに違いないヒントを、マルクスは残していた。

次節に進む前に、私事に触れることを許してもらうと、私は高校生時代に、マルクスの「経済学哲学草稿」の抜粋（淡野安太郎『初期のマルクス』勁草書房、一九五六年）を本屋で立ち読みし、一九六一年末に『マルクス＝エンゲルス選集・補巻4』（大月書店）を読んだ。『補巻4』に収録されていたからである。「疎外された労働」の一句でよく知られているこの論文を高校生が深く理解できるはずはないが、あえて言えばそれが思想的出発点となった。後に革マル派のトップとなる黒田寛一の周辺では、この重要論文が『マルクス＝エンゲルス選集』の本巻ではなく、「補巻4」に配置されているところに、正統派（日本共産党）の誤りがあると批判していた。それから半世紀も過ぎた。私は、前述したように、マルクスにはなお継承すべき大きな業績が存在すると確信している。だが、同時に大きな弱点・限界・錯誤もあったと、考えるようになった。

第3節　マルクスの根本的限界と錯誤

前記のように、マルクスは資本制経済を原理的に解明した点では、後世に継承されるべき業績を残した。しかし、逆に根本的限界と錯誤というべき大きな弱点を抱えていた。何か？　結論を先に示すと、マルクスは近代社会の政治制度を正しく理解できなかった。

まず、左翼の活動家なら誰でも読む『共産党宣言』に書いてある周知の文言を列記する。

D「近代的国家権力は、単に全ブルジョア階級の共通の事務を司る委員会にすぎない」[15]。

E「法律、道徳、宗教は、プロレタリアにとっては、すべてブルジョア的偏見であって、それらすべての背後にはブルジョア的利益がかくされている」。

F「プロレタリア階級は、まずはじめに政治的支配を獲得し、国民的階級にまでのぼり、みずから国民とならねばならない」。六五頁。

G1「ブルジョア階級を強力的〔国民文庫版では「暴力的」〕に崩壊させ、プロレタリア階級がその支配を打ち立てる」。

G2「共産主義者は……これまでのいっさいの社会秩序を強力的〔国民文庫版では「暴力的」〕に転覆する……と宣言する」。

まずDについて。これと同じ認識は、エンゲルスも書いていた。エンゲルスは一八九一年に「エルフルト綱領草案批判」で、ヴィルヘルム・「リープクネヒトはこの帝国議会を絶対主義のいちじくの葉と名づけたのである」(16)と書いた。この一句は短く「議会はイチジクの葉」と略されて、日本共産党を「議会主義」として批判する活動家の流行言葉となっていた。今では、Dと書く人はいないことが、この認識の誤りを示している。

次にEについて。「法律、道徳、宗教」と三つを一括しているのも乱暴であるが、それらを「プロレタリアにとっては、すべてブルジョア的偏見である」と断定するのは錯誤にすぎない。この断定からは、法律を無視・軽視する態度を良しとする理解・風潮を生み出し、「合法主義ナンセンス」と叫ぶことになる。Dと合わせて、G1とC2の「プロレタリア階級の独裁」が帰結される。

だが、近代社会の法律は、民主政の下では国会によって制定されるのであり、「全ブルジョア階級の共通の事務を司る委員会」によって決定されることはない。もちろん、個別の資本家の願望や狙いも大きく作用する。従って、国会議員を選ぶ選挙制度がきわめて重要な意味をもつ。なお、宗教については、社会におけるその重要な役割・位置を昨年『「創共協定」とは何だったのか――社会主義と宗教との共振』で論じたので、本稿では省略する。

さらにFについて。「政治的支配」は「国家権力」と置き換えたほうが分かりやすいし、そう理解されてきた。問題は「まずはじめに」にある。なぜ、「まずはじめに」なのか。マルクスはまったく説明していない。私は、一九九七年に「『まず政治権力を獲得』論の陥穽[17]」でその限界を詳しく解明して、「社会主義への政治的・経済的接近の形態を探る」ことが必要だと明らかにした。のちに「文化的接近」も加えた。政治的闘争にだけ目を向けて、経済政策をめぐる課題を軽視・無視する誤りに陥ってはならない。共産党が、ベーシックインカム（生存権所得[18]）や国際連帯税にほとんど関心を示さないのは、政治的闘争だけを偏重しているためである。

最後にGについて。「強力的」と訳しても「暴力的」と訳しても、いずれにしてもここから「暴力革命」が合言葉になった。日本共産党の場合には武装闘争と「五〇年分裂」を経て、議会重視に転換したので、一時期は「敵の出方」論なる折衷的言い訳で辻褄を合わせようとしていたが、近年は「敵の出方」論を憶えている党員はほとんどいないであろう。不破哲三氏は二〇〇〇年にも「敵の出方」論を正しいと説明していた[19]が、今や共産党は綱領には書かれていない「立憲主義」

を強調するまでに「変質」した。

以上に明らかにしたように、マルクスが『共産党宣言』で展開したこれらの主張はいずれも錯誤であった。不破氏をはじめとして、今日なおマルクスに心酔している人もいるが、それらの人たちはこれらの文言を正しいと思っているのだろうか。彼らは、これらの文言には触らない。批判的に検討する姿勢と能力が欠如しているからである。私たちは次の段階に進む必要がある。

この検討によって導き出される結論は、初めに書いたように、マルクスは、近代社会の政治制度を正しく理解できなかったということである。この点でのマルクスの認識が不十分であったことは、『マルクス・カテゴリー事典』[20]で、田口富久治氏が「国家」の項目で「マルクスの国家理論は全体として未完成のまま残された」と書き、加藤哲郎氏が「政党」の項目で初めに「政党一般についてのマルクスの言説は、体系的に展開されたわけではない」と書き、最後に「マルクスの政党論から学びうるものは多くない」と遠慮がちに結論している通りである。加藤氏の項目は「政党」であるが、近代の政治においては政党は不可欠の決定的位置を占めているから、引用中の「政党」を「政治」に置き換えても良いだろう。

もっとも重要な問題は、マルクスはなぜこのように考えたのか。その根拠を明らかにしなくてはならない。そうしないと弱点を克服することはできないからである。これらの言説の根底には、この『共産党宣言』の冒頭に記されている「あらゆる社会の歴史は階級闘争の歴史である」という認識が据えられていた。もう一つの前提は、第1節でピックアップした「唯物史観」が示しているように、経済と政治について短絡的に一体化してとらえる思考である。マルクスは、資本制経済の基軸が「賃労働と資本」にあると捉えると同時に、次元の相違を意識することなく、政治においては労働者と資本家とをそれぞれ「階級」と考え、この二つの「階級」の対立・闘争が展開されていると考えた。この錯誤の帰結として「プロレタリア階級独裁」が結論された。

「階級」とは、生産手段との関わりを基準にして社会の成員を区別する超歴史的概念として使われ、その結果、いつの時代でも支配階級と被支配階級とに分けられ、「階級支配」が貫徹するとされてきた。確かに、〈民主政〉に転換した近代社会以前の身分制の下においては、経済的に優位に立つ人びとが、政治的にも優位に立ち、「階級支配」が貫徹されていた。

後述のように〈民主政〉の下では、政治と経済の直接的結合が解体され、「階級」は消滅した。このように結論すると、左からは大ブーイングが起きるだろうが、次のことを想起することを促したい。左翼の文献では「階級形成」とか「即自的階級と対自的階級」などの言葉も使われる。だが、「プロレタリア階級」というものが存在するのなら、「屋上屋を重ねる」という警句があるように、わざわざ「形成」する必要はないはずである。

なお、「階級」の付く類語には他にも「階級対立」「階級意識」「階級的自覚」「階級闘争」がある。「階級的愛情」はなく「階級的憎悪」が高唱されるところに特徴があると言ってよい。

実は、「『階級』という語の意味は必ずしも明確ではない[21]」とはるか以前に書いた人がいた。日本マルクス主義法学の先駆者・平野義太郎が一九二五年にそう書いていた。「階級」と言わなくても、〈階層〉と捉えることによって、資本制社会が「格差社会」であることは十分に表現できる。

「プロレタリア階級独裁」については、ワイマール共和国の司法大臣にもなったドイツの法学者グスタフ・ラートブルフが『社会主義の文化理論』の一九四九年版の「あとがき」で「われわれは……独裁はたとえそれがプロレタリアートの独裁と呼ばれようと全くこれを望まない[22]」と批判した。ラートブルフは、「社会主義はある特定の世界観に結びつくものではない」とも明らかにした。これまたきわめて重要なポイントである。

では、近代社会の政治制度はどのように捉えられるべきなのか。詳述する余裕はないが、その核心をラートブルフは一九二九年に「ブルジョアジーは自由を法の形式で要求したために、この自由は万人のための自由となった」と明らかにした。小林直樹氏が『憲法の構成原理』で引用して強調しているように[23]、ここにこそ、〈民主政〉の核心がある。法と法律に依拠する統治＝〈法拠統治〉となったのである。〈法拠統治〉のほうが、近年に流行の「立憲主義」より適切である[24]。

近代社会は、経済では〈労働者と資本家との対立〉を基軸としていて、熊沢誠氏の著作のタイトルになっているように「民主主義は工場の門前でたちすくむ」のであるが、政治においては、代議制を採用し「一人一票」の平等な権理を原理的には備えた。それが「デモクラシー」＝〈民主政〉である。もちろん、資本制経済は独裁制とも結びつく場合もあるし、「一人一票」が適正に結果に現れないように選挙制度は多くの場合に歪められている。第四の権力といわれるマスコミの影響も大きい。現在の日本では、小選挙区制によって民意の反映が著しく歪曲されて〈歪曲民主政〉となっている。なお、「デモクラシー」の訳語は明治時代から「民主政治」「衆民政」「民主主義」「民主制」とさまざまにあるが、政治制度であることを明示するためには〈民主政〉が最適である。いくつかの著作のタイトルにもあるように、一定の範囲では使われている。

このように把握する前提として、経済と政治との次元の相違について明確に認識しなくてはならない。前に一言だけ触れた〈複合史観〉として、私が強調したのはこの相違についてである。結論を再確認すれば、マルクスは、「歴史は階級闘争の歴史である」とするドグマに呪縛されていたがゆえに、近代社会の政治制度を正しく捉えることができなかったのである。

第4節　『資本論』「第二四章　第七節」の誤り

本人が不得手な領域ではなく、得意とし他者からも高く評価されている部分について検討するほうが説得力を増すだろう。そこで、前記の『資本論』第一巻第七編「第二四章・いわゆる本源的蓄積」の「第七節・資本主義的蓄積の歴史的傾向」について取り上げよう。

周知のように、この節の終わりでマルクスは次のように結論した。
「資本主義的私的所有の弔鐘が鳴る。収奪者が収奪される」[25]。
「資本主義的生産は、自然過程の必然性をもってそれ自身の否定を生み出す。……個人的所有を再建する」。

この部分はすでに多くの論議を引き起こしてきた。〈労働力商品化〉の核心的重要性を強調した宇野弘蔵は、『資本論』を原理論として純化し、段階論、現状分析と三段階に明別する必要があると提起し、この部分を「体系から逸脱する」[26]と根本的な批判を『経済学方法論』で加えた[27]。一九七〇年代に哲学者の梅本克己と、「恐慌の必然性」と「革命の必然性」などについて対話した。また、引用を省略した部分の記述を含め「個人的所有を再建する」が訳語の適否を含めて問題とされている。引用を省略したのは、本稿で問題とするのは別の点だからである。この問題については、私は一九九〇年代初めに論じたことがある[28]。その時には気づかなかったが、所有・占有問題よりも大きな問題が潜んでいた。宇野が触れていない論点にも気づいたので検討する。

『資本論』は資本制経済の解明を主題にした著作なのに、なぜ所有論に論点が移動し、「自然過程の必然性」の話になるのか。言うまでもなく、そこに唯物史観が顔を出す。この文脈は、歴史の法則を明らかにしたものとして高く評価するのが通説である。だが、そうだろうか。仮に歴史の法則に言及するにしても、それは補足にして、本来なら「弔鐘が鳴る」＝資本制経済が超克されるというのだから、その次の経済システムはどうなるのか、そこでの経済計算はどうなるのか、が次の課題であることをこそ明確にすべきだった。マルクスは、前記のAの「同一の社会的労働力」などという意味不明の説明しかしていない（第二四章の次は「第二五章・近代的植民理論」で、それが最後の章である）。

もし、マルクスがこのように次の課題を設定しておけば、後年、ロシア革命の後で一九二〇年代三〇年代に国際的な論争になった「社会主義経済計算論争」はまったく別の展開となったに違いない。マルクス経済学者は真剣に取り組み研究したはずである。マルクスが次の課題をこのように設定しなかったから、ソ連邦の経済学者は、この論争を「机上の空論」と反発した。塩沢由典氏（『マルクスの遺産』藤原書店、二〇〇二年、に収録）などが先駆的に論じたが、日本のマルクス経済学者は、この国際的な論争にほとんど気づくこともなく、わずかに伊藤誠氏（『現代の社会主義』講談社、一九九二年）や西部忠氏（『市場像の系譜学』東洋経済新報社、一九九六年）が取り上げている程度である。私は、一九九六年に『原典　社会主義経済計算論争』を編集して、その「解説」で「〈分配〉問題を重視して正面から解明すること」[29]の重要性を指摘した。第1節で「生産関係」を重視したことをマルクスの業績だと指摘したが、その裏側には〈分配〉問題の軽視が付随していたのである。長所の裏に短所あり、である。私は、この「解説」でクルト・ロートシルトを引いて「成長それ自体と生産および消費の不断の拡大とは、社会主義の究極目標ではない」と明らかにした。マルクスとは対極的なミルの「停止状態」論の先駆性に学ばなくてはならない。

この「弔鐘が鳴る」については、森岡真史氏が「レーニンと『収奪者の収奪』」[30]で論文の冒頭にこの一句を掲げて、そこに問題があることを示唆した。

もう一つ問題がある。引用文中の「自然過程の必然性」である（フランス語版では「自然の変態を支配する宿命」[31]と変更。語感を和らげたのか？）。この一句は唯物史観の定式と合わせて「歴史の必然性」として知られている。私は、九一年の「協同社会主義の構想」で「マルクスの理解は誤り」[32]と一言だけ指摘した。さらに、九七年に「ロシア革命と『歴史の必然性』の罠」で取り上げた。その要点を再説しよう。

保住敏彦氏が明らかにしたように、この問題は二〇世紀初めにレーニンとベルンシュタインの間でも論争になっていた。結論だけ示すと、レーニンによって「修正主義者」と断罪されたベルンシュタインは「マルクスの経済的要因を中心とした歴史的決定論的な捉え方を否定し、倫理的な要因を導入した」[33]。ベルンシュタインは「社会主義への移行の必然性を主張するのではなく、社会主義が倫理的に望ましいものであるという理由から、社会主義を主張したのである」。日本でも昭和天皇の教育係りもした小泉信三が一九四九年に著した『共産主義批判の常識』で、「われわれの結論し得ることは、社会主義到来の可能性またはせいぜい蓋然性（確からしさ）に過ぎぬ[34]」と明らかにした。小泉は「社会主義の到来はある蓋然性をもつというのと、社会主義の到来は歴史的必然であるというのとでは、それから人の受ける印象は全く違う。人は歴史的必然の前には畏怖するが、その実現がある確からしさをもつにすぎぬという事物に対してはあえて批判をすることをはばからぬであろう」と書いた（小泉は、社会主義経済計算論争にも論及した）。ベルンシュタインと小泉信三の思想的立場は異なるが、「歴史の必然性」についての批判はいずれも的を射ている。二人とも人間の主体性に重点をおいて人間と歴史を捉えていた。

私はこの論文で、さらに人間の〈自主性〉〈意識性〉を強調したJ・S・ミルと〈意識性〉を強調したマルクスとを対比して、「〈自主性〉も〈意識性〉もともに〈人間らしさ〉の本質的核として定位されるべきであると考える」(35)と主張した。ミルがマルクスとは違って〈多様性〉や〈人間の可謬性〉を強調していたことも知っておくほうがよい。

さらに三つ目の問題として、前記の引用に続く最後のパラグラフを取り上げる必要がある。マルクスはこう書いている。

「資本主義的な私的所有への転化は、……資本主義的所有の社会的所有への転化よりも、比較にならないほど長くかかる、苦しい、困難な過程である。前の場合には少数の横奪者による人民大衆の収奪が行われたが、後の場合には人民大衆による少数の横奪者の収奪が行われる」。

分かりにくい書き方であるが、「第二の否定」＝「人民大衆による少数の横奪者の収奪」は短く簡単だと言うのである。これは全くの錯誤であった。簡単どころか、マルクス死後二〇〇年経っても資本主義は存在し続けている。人口構成の多寡によって、社会の変革の難易度が決まるわけではない。どうしてこんなふうに書くことになったのか、不明である。宇野経済学の場合なら、資本制経済の原理論では資本制経済が「永遠にうごく『かのごとくに』[36]」と設定されるのだが、マルクスの場合には「収奪者が収奪される」に力点が偏重するからではないだろうか。

ついでながら、今回、『資本論』をパラパラと頁をめくっていたら、「第六節　産業資本家の創生記」に「革命は法律によっては行われない[37]」などと書いてあったことに気づいた。「産業資本家の創生記」ならそうであろうが、今日の民主政の下では、法律を無視することは出来ず、逆に法律に則って革命を実現（〈則法革命[38]〉）しなくてはならない。

私のような左翼の活動家は、『資本論』を読むといっても難解な経済学をとても理解できるはずはなく、頑張って全巻を読み進むと最後に「弔鐘が鳴る」と教えられ、そこで「なるほど資本制経済はダメになるのだ」とわが意を得たりと満足して、自分の実践は偉大な『資本論』に裏打ちされているのだと自信を増す。そこに落とし穴が存在したのである。

最後に、マルクスの研究姿勢について検討する。

マルクスは『資本論』初版への「序言」の結びでは、「なんじの道を進め、そして人々をして語るにまかせよ[39]」と書いた。訳注には「ダンテの『神曲』「煉獄篇」第五からの言い換え」と書いてある（しかし、ダンテはそうは書いていない）。さらに『ゴータ綱領批判』の結びでは「われは語り、かくてわが魂を救えり[40]」と書いた。この訳注には「私はあらかじめ警告を発しておいた、それゆえ以後の事態については責任を負わない、という意味。一般的には旧約聖書、エゼキエル書三の一九と創世記一九の一七とが出典とされている」とある。

　このような姿勢は正しいであろうか。断じて否である。この姿勢は、自己慰安に過ぎない。私たちはこのような姿勢に陥ることなく、生起した事態に対して責任を分有しなくてはならない。

　先日、私の本『「創共協定」とは何だったのか[41]』の出版記念の討論会（二月四日）で北島義信氏に講演していただき、討論の時に、私がこの話をしたら、浄土真宗高田派の前住職でもある北島氏が「親鸞はまったく違う」と応じた。その後で北島氏から関連する文献を送っていただいたが、親鸞は、法兄である聖覚を引いて「善・不善の心を起こすありとも、菩薩みな摂取せん」と説いて、「われおくれば人にみちびかれ、われさきだたば人をみちびかむ。生々に〔ずうっといつまでも、の意〕善友となりてたがいに仏道を修せしめ」と諭したという。分かりやすく言えば、「敵」とも平等に対し、学び、ともに正しい道を歩んでいこうという教えである。

　私はここで、フィヒテを想起した。平和を重視したフィヒテはフランス革命に直面して、「特権階級」の廃止を主張すると同時に、「特権階級」をギロチンに掛けるのではなく、労働教育を施して、労働するように変えることが必要だと説いた[42]。社会の変革と革命は、報復の論理によってではなく、〈友愛〉の心を基礎にして実現しなくてはならないのである。

〈注〉

(1) 武田信照『ミル・マルクス・現代』ロゴス、二〇一七年、一八三頁〜。
(2) 不破哲三『マルクスは生きている』平凡社、二〇〇九年、八頁。
(3) ポール・メイソン『ポストキャピタリズム』東洋経済新報社、二〇一七年。ただし、「歴史の理論においては、マルクス主義は非の打ち所がない、と言える」（一〇七頁）は誤りである。
(4) エンゲルス『空想から科学へ』国民文庫・大月書店、一九五三年、八四頁。
(5) 尾高朝雄『法の窮極に在るもの』有斐閣、一九四七年、一九五頁。
(6) 村岡到「『唯物史観』の根本的検討」『連帯社会主義への政治理論』五月書房、二〇〇一年、に収録。
(7) マルクス『資本論』フランス語版、法政大学出版局、一九七九年、上・五四頁。
(8) マルクス『ゴータ綱領批判』岩波文庫、一九七五年、三八頁、五三頁。「解説」二〇九頁。
(9) マルクス『資本論』第一分冊、新日本出版社、一九八二年、一三三頁。
(10) 村岡到「『計画経済』の設定は誤り」『協議型社会主義の模索』社会評論社、一九九九年。同「〈協議経済〉の構想」同。
(11) 村岡到「ソ連邦経済の特徴と本質」『協議型社会主義の模索』に収録。
(12) 望月清司『ゴータ綱領批判』の訳注、六四頁。
(13) 森岡真史・書評「マルクス主義の責任の明確化」。村岡到編『ロシア革命の再審と社会主義』ロゴス、二〇一七年、一六一頁。
(14) 村岡到「人間の全面発達」か〈友愛〉か——志位委員長の新春対談の誤り」。近刊の村岡到『日本共産党を正視する』に収録、参照。
(15) マルクス『共産党宣言』岩波文庫、四一頁、五四頁、六五頁、五五頁、八七頁。
(16) マルクス・エンゲルス『ゴータ綱領批判・エルフルト綱領批判』国民文庫、一九七七年、一〇二頁。
(17) 村岡到「『まず政治権力を獲得』論の陥穽」『連帯社会主義への政治理論』に収録。
(18) 村岡到『生存権所得』社会評論社、二〇〇九年／『ベーシックインカムで大転換』ロゴス、二〇一〇年／『ベーシックインカムの可能性』ロゴス、二〇一一年。
(19) 不破哲三『レーニンと「資本論」』第五巻、二〇〇〇年、四二二頁。村岡到『不破哲三との対話』社会評論社、一六九頁。
(20) 『マルクス・カテゴリー事典』青木書店、一九九八年。『ソ連邦の崩壊と社会主義』三二頁〜で説明。
(21) 平野義太郎「法律に於ける階級闘争」。長谷川正安・藤田勇『文献研究・マルクス主義法学』日本評論社、一九七二年、三頁。
(22) グスタフ・ラートブルフ『社会主義の文化理論』みすず書房、一九五三年、一三四頁。
(23) 小林直樹『憲法の構成原理』東京大学出版会、一九六一年、一三八頁。
(24) 熊沢誠『民主主義は工場の門前でたちすくむ』田畑書店、一九八三年。
(25) マルクス『資本論』第四分冊、一三〇六頁。
(26) 宇野弘蔵『経済学方法論』東京大学出版会、一九六二年、三六頁。
(27) 宇野弘蔵・梅本克己『社会科学と弁証法』岩波書店、一九七六年。
(28) 村岡到「協同社会主義の構想」『現代と展望』第三二号：一九九一年一二月、「個々人的占有の創造」『現代と展望』第三五号：一九九三年五月。
(29) 村岡到編『原典　社会主義経済計算論争』ロゴス、一九九六年。関連文献の一覧表も付した。「解説」は『貧者の一答』ロゴス、二〇一四年、に収録。
(30) 森岡真史「レーニンと『収奪者の収奪』」。上島武・村岡到編『レーニン　革命ロシアの光と影』社会評論社、二〇〇五年、三三頁。
(31) マルクス『資本論』フランス語版、下・四五七頁。
(32) 村岡到「協同社会主義の構想」『現代と展望』第三二号、一一頁。
(33) 保住敏彦『社会民主主義の源流』世界書院、一九九二年、三六頁。
(34) 小泉信三『共産主義批判の常識』講談社、一九七六年、八二頁、八三頁。初版は一九四九年。
(35) 村岡到「ロシア革命と『歴史の必然性』の罠」『協議型社会主義の摸索』二二五頁。
(36) 宇野弘蔵・梅本克己『社会科学と弁証法』三〇頁。
(37) マルクス『資本論』第四分冊、一二八四頁。
(38) 村岡到「〈則法革命〉こそ活路」『連帯社会主義への政治理論』参照。
(39) マルクス『資本論』第一分冊、一四頁。
(40) マルクス『ゴータ綱領批判』七六頁。
(41) 村岡到『「創共協定」とは何だったのか』社会評論社、二〇一七年。
(42) フィヒテ『フランス革命論』法政大学出版局、一九八七年、二二八頁。村岡到「オーストリアの社会主義理論の意義」『連帯社会主義への政治理論』四七頁。

あとがき

本書を手にした読者は、どのような関心と問題意識を抱いているのだろうか。マルクスのどこかに惹かれるものがあるのだと思う。それがさまざまであることは言うまでもなく、本書の五人の論稿のテーマはそれぞれ異なっていて、幾分かは読者の期待をカバーしているはずである。まだ足りない論点もあるに違いない。編者として望むことは、マルクスへの関心が〈日本社会の変革〉に繋がることである。社会科学の認識や理論は、芸術が慰安や勇気を与えるように、社会変革への志向と当為を示唆しなくては意味がないからである。〈変革主体の形成〉と交叉し接点を保持することが大切である。マルクスをどう評価するかよりも、歴史の教訓は何かを探るほうがはるかに大きな意義がある。

本書にはもう一つ収録したい論文があった。アレクサンドル・ブズガーリン氏の「マルクスはどこが正しく、どこが間違っていたか」と題する論文である。ブズガーリン氏はモスクワ大学経済学部の教授で、二一年前に招待して講演していただいたことがある。彼はソ連邦崩壊後も社会主義を貫いている。その抄訳を岡田進さんに訳出していただいて、季刊『フラタニティ』第一〇号（五月刊）に掲載した。

さて、昨年一月にツイッター大統領たるトランプ氏の登場によって「フェークニュース」が流行言葉になってしまった。真実を探究するにはどうしたら良いのか、真実の探究にはどういう意味があるのか、と思案せざるを得ない。そんな時に〈社会的信頼〉という言葉を知った。『くらしのなかの社会主義』（青木書店、一九七七年）の著者石川晃弘さんから彼らが編集した『ロシア社会の信頼感』（ハーベスト社、二〇一七年）をいただいた。石川さんによれば、「『社会的信頼』はどこの国でも人間社会の根幹をなす関係概念であ」り、その「研究は一九九〇年代から活発にな」（七頁）ったという。一読、この視点が社会の変革にとって不可欠の主要概念だと教えられた。そして、この視点の欠落が大きな欠損だと気づいた。

同時期に、ポール・メイソンの話題作『ポストキャピタリズム』（東洋経済新報社、二〇一七年）を読んだ。彼は「マルクスは正しかったか」と章を立てて、「歴史の理論〈史的唯物論：訳注〉においては、マルクス主義は非の打ち所がない、と言える」（一〇七頁）と書く。この大冊のテーマは、世界経済の動向を「長期循環理論」によって説明して、「ポスト資本主義への移行」を見通すことにある。この論点は不勉強なので、「社会主義経済計算論争」やプレオブラジェンスキーや「極左」派の動向などにも論及する博識の本書からは学ぶべきことが多いが、そこには〈変革主体の形成〉という視点は極めて弱い。「資本主義の弔鐘」を「自然過程の必然性」とするマルクスの唯物史観を「非の打ち所がない」と評価する立場からはそうなることはまさに必然的である。優れた反面教師と評すことが適切である。

「資本主義の終焉」を語ること自体がある場合には大いなる勇気を必要とするのかもしれないが、新しい社会——私は〈社会主義〉と展望——への〈変革主体〉が形成されないならば、社会はその基盤である〈社会的信頼〉を激減させて混沌状態を招来するほかない。それゆえにこそ、〈変革主体の形成〉が急務なのである。その一助になることを強く祈念する。

二〇一八年四月六日　　村岡　到

・**大内秀明**　おおうち・ひであき　1932年生まれ
東北大学名誉教授
『ウィリアム・モリスのマルクス主義』平凡社新書、2012年
『恐慌論の形成』日本評論社、2005年
・**久保隆**　くぼ・たかし　1949年生まれ
評論家・『アナキズム』誌編集委員
『権藤成卿論』ＪＣＡ出版、1981年
『戦後アナキズム運動試論』北冬書房、1976年
・**千石好郎**　せんごく・よしろう　1936年生まれ
松山大学名誉教授
『近代の＜逸脱＞―マルクス主義の総括とパラダイム転換』法律文化社、2007年
『マルクス主義の解縛―「正統的な科学」を求めて』ロゴス、2009年
・**武田信照**　たけだ・のぶてる　1938年生まれ
愛知大学名誉教授
『株式会社像の転回』梓出版社、1998年
『近代経済思想再考――経済学史点描』ロゴス、2013年
・**村岡到**　むらおか・いたる　1943年生まれ
季刊『フラタニティ』編集長
『友愛社会をめざす』ロゴス、2013年
『ソ連邦の崩壊と社会主義』ロゴス、2016年

マルクスの業績と限界――マルクス生誕200年

2018年4月15日　初版第1刷発行
編著者　村岡　到　　　発行人　入村康治
装　幀　入村　環
発行所　ロゴス　〒113-0033　東京都文京区本郷2-6-11
TEL.03-5840-8525　FAX.03-5840-8544　http://www18.ocn.ne.jp/~logosnet/
印刷／製本　　株式会社 Sun Fuerza

定価はカバーに表示してあります。 ISBN978-4-904350-47-8　C0031

ブックレットロゴス

ブックレットロゴス No. 1　村岡 到 編
閉塞を破る希望——村岡社会主義論への批評　142 頁・1500 円+税

ブックレットロゴス No. 2　斎藤旦弘 著
原点としての東京大空襲——明日の世代に遺すもの　110 頁・1000 円+税

ブックレットロゴス No. 3　小選挙区制廃止をめざす連絡会 編
小選挙区制NO！——二大政党制神話の罠　111 頁・1000 円+税

ブックレットロゴス No. 4　村岡 到 著
閉塞時代に挑む——生存権・憲法・社会主義　108 頁・1000 円+税

ブックレットロゴス No. 5　小選挙区制廃止をめざす連絡会 編
議員定数削減NO！——民意圧殺と政治の劣化　124 頁・1200 円+税

ブックレットロゴス No. 6　村岡 到 編　西尾 漠・相沢一正・矢崎栄司
脱原発の思想と活動——原発文化を打破する　124 頁・1100 円+税

ブックレットロゴス No. 7　岡田 進 著
青春 70 歳 ACT——ソ連論と未来社会論をめぐって　124 頁・1100 円+税

ブックレットロゴス No. 8　村岡 到 編
活憲左派——市民運動・労働組合運動・選挙　132 頁・1200 円+税

ブックレットロゴス No. 9　村岡 到 編　河合弘之・高見圭司・三上治
2014 年 都知事選挙の教訓　124 頁・1100 円+税

ブックレットロゴス No.10　岡田 進 著
ロシアでの討論——ソ連論と未来社会論をめぐって　92 頁・1000 円+税

ブックレットロゴス No.11　望月喜市 著
日ソ平和条約締結への活路——北方領土の解決策　92 頁・1000 円+税

ブックレットロゴス No.12　村岡 到 編　澤藤統一郎・西川伸一・鈴木富雄
改憲か、活憲か　124 頁・1100 円+税